생각
많은
판다

교회 때문에 아파하고 고민하는
그리스도인들을 위한 단상

생각
많은
판다

최대위 지음

새물결플러스

차례

작가의 말	6
1. 왜 믿어?	9
2. 암입니다	15
3. 답답하다 답답해	22
4. 기독교 문화가 발전이 없는 이유	27
5. 하나님만 의지합시다	33
6. 두루의 일요일	39
7. 의무가 아닌	46
8. 사람 마음이	53
9. 장난이지?	59
10. 4차산업 교회	67
11. 인공지능 목사 1	74
12. 인공지능 목사 2	80
13. 인공지능 목사 3	86
14. 밝고 희망찬 기독교	93
15. 사탄은 마침내 힘을 선택했다	99
16. 도끼를 든 손	106
17. 홈쇼핑	113
18. 사탄의 구조조정(feat. 그리스도인)	120
19. 소문난 생일잔치	126
20. 사탄TV	132
21. 너는 어때?	138
22. 힘든데 왜?	144
23. 힘든 일 있으면 말해	151
24. 누군가 널 위해 기도하네	157
25. 우리 잘못일까?	163
26. 힘이 되어주고 싶은데	170

27. 외면하고 싶지 않아	*176*
28. 교회는 어땠어?	*183*
29. 우리가 너의 교회가 될게	*189*
30. 교회를 고르는 기준	*196*
31. 작은 교회? 큰 교회?	*202*
32. 꿈같은 교회	*208*
33. 진입장벽	*214*
34. 예배 자리	*220*
35. 그들의 언어	*226*
36. 헌신페이 1	*233*
37. 헌신페이 2	*239*
38. 공동체는 닮는다	*245*
39. 기억	*251*
40. 너희가 힙합을 아느냐 1	*258*
41. 너희가 힙합을 아느냐 2	*264*
42. 눈을 감는 이유	*270*
43. 기독교가 지켜야 하는 것	*276*
44. 세상사람	*282*
45. 진상	*288*
46. 하나님이 선택하신 일	*295*
47. 교회를 대표한다는 것	*301*
48. 판다와 신학의 방	*307*
49. 완벽한 전통 오리지널 치킨집은 어디인가	*314*
50. 나쁜 공동체	*321*

작가의 말

『생각 많은 판다』를 그리기 전 신앙에 대한 고민이 무수히 많았다. 기존의 가치관이 흔들리기 시작했고 그리스도인으로서의 정체성도 점점 흐릿해졌다. 이런 고민을 털어놓을 만한 곳은 어디에도 보이지 않았다. 점점 커져만 가는 고민들을 홀로 쌓아두기만 하는 것은 버겁고 외로운 일이었다. 그래서 만화를 그리기 시작했다. 그럼에도 불구하고 그리스도인으로 살아가야 할 이유를 찾고 싶었다.

이 만화는 판다와 친구들이 누구나 한 번쯤은 생각해본 여러 가지 질문을 마주하면서 함께 답을 찾아가는 내용이다. 내가 교회에 다니면서, 세상에서 그리스도인으로 살면서 느낀 생각들을 최대한 솔직하게 담아내려고 노력했다. 내가 가지고 있는 생각이 남다르거나 특별하다고 여기지는 않는다. 누구나 생각해봤고 고민해봤을 법한 이야기들이다. 여기 담긴 에피소드들은 유쾌하지만 때로는 무겁고, 가끔은 냉소적이기도 하고, 정답을 내리지 못해 혼란스러워하기도 한다. 판다와 친구들이 모든 문제에 명확한 답을 제시하진 못한다. 대신 그 문제들에 공감하고 함께 고민한다.

교회로부터 받은 상처와 실망, 세상에서 일어나고 있는 슬픈 일들, 신앙에 대한 회의감 등으로 인해 이 세상에서 그리스도인으로 살아가기가 힘들고 지친다고 말하는 친구들을 본다. 어떻게 해야 할지 몰라 결국 자신에게 문제의 책임을 돌리고 자책하는 친구도 본다. 그들에게 이 만화를 통해서 결코 당신의 잘못이 아니라고, 당신만 이상한 게 아니라고, 괜찮다고 말해주고 싶다.

나 역시 만화를 그리는 중에도 끊임없이 신앙에 회의를 느끼고 고민한다. 이 땅에서 그리스도인으로 살아간다는 것이 과연 어떤 의미가 있을까? 교회는 정말 희망이 있을까? 답이 나오지 않는 질문들 앞에서 끊임없이 고민한다. 이 고민을 그만두고 멈추고 싶을 때도 있다. 그러나 포기하지 않고 여전히 답을 찾으려고 하는 이유는 하나님이 전지전능하실 뿐만 아니라 선하신 분이라는 것을 내가 여전히 믿기 때문이다. 나는 하나님의 선하심을 세상에서 찾아내고 또 기대하는 것이 그리스도인이라고 믿는다. 그것이 내가 계속해서 만화를 그리는 이유다.

이 이야기가 나와 비슷한 고민을 하는 사람들에게 조금이라도 힘이 되었으면 한다. 그들에게 이 책이 잠깐이라도 즐거움과 위로를 줄 수 있었으면 한다. 희망을 발견하기 어려운 시대지만 그럼에도 희망을 찾기를 바란다. 열심히 고민하고 생각하는 모든 그리스도인에게 신앙이 발목을 잡는 족쇄가 아니라 자유롭게 하는 날개가 되었으면 한다.

"에끌툰" 독자분들께 이 자리를 빌려서 감사 인사를 전한다. 여러분들의 관심과 사랑으로 판다가 이렇게 책으로 묶여 나오게 됐다. 이 책을 출간할 수 있게 도와주신 새물결플러스 김요한 대표님과 편집부 직원분들께도 진심으로 감사드린다. 멀리 떨어져 있지만 마음만은 늘 함께하는 사랑하는 가족들과 내가 어려울 때마다 옆에서 함께해준 소중한 친구들이 작품을 이어나가는 데 큰 힘이 되었다. 고마움과 사랑을 전한다. 마지막으로 "에끌툰"에서 좋은 작품을 만들기 위해 함께 노력하는 웹툰 작가님들과 개발자님, 그리고 내게 항상 큰 힘이 되어주고 영감을 주는 김민석 작가님에게 감사의 마음을 전한다.

『생각 많은 판다』가 당신의 질문들을 함께 고민해주는 친구가 되기를 희망한다.

2019년 10월

최대위

1화

왜 믿어?

중학생 시절, 스쿨버스를 타고 통학할 때 항상 한 친구랑 같이 앉아서 갔었다.

주말엔 뭐해?

나 토요일엔 뭐 하는 거 없고 주일엔 교회 가지.

오, 너 교회 다녀?

ㅇㅇ

천국 가려고 예수 믿는다, 교회에서도 이렇게 말하고

뭐지, 이 찜찜한 기분은

음... 뭔가 이상하네.

응... 뭔가 중요한 게 빠진 거 같아.

정말 기독교는 그런 보상의 종교일까? 우리는 천국에 가고 싶어서 예수님을 믿어야 하는 걸까?

예수님은 정말 그런 걸 원하셨을까?

천국이 아니면 예수님은 믿을 가치가 없는 거야?

 Fin.

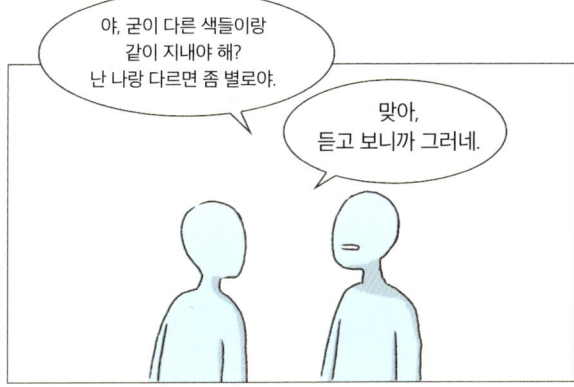
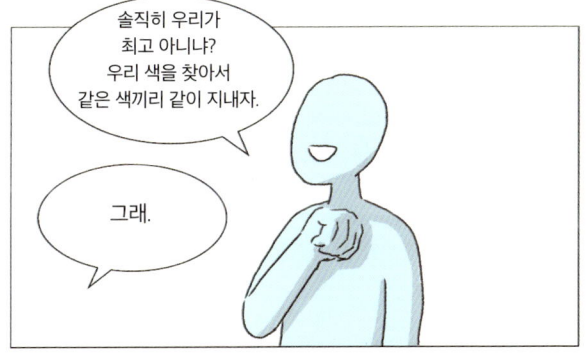

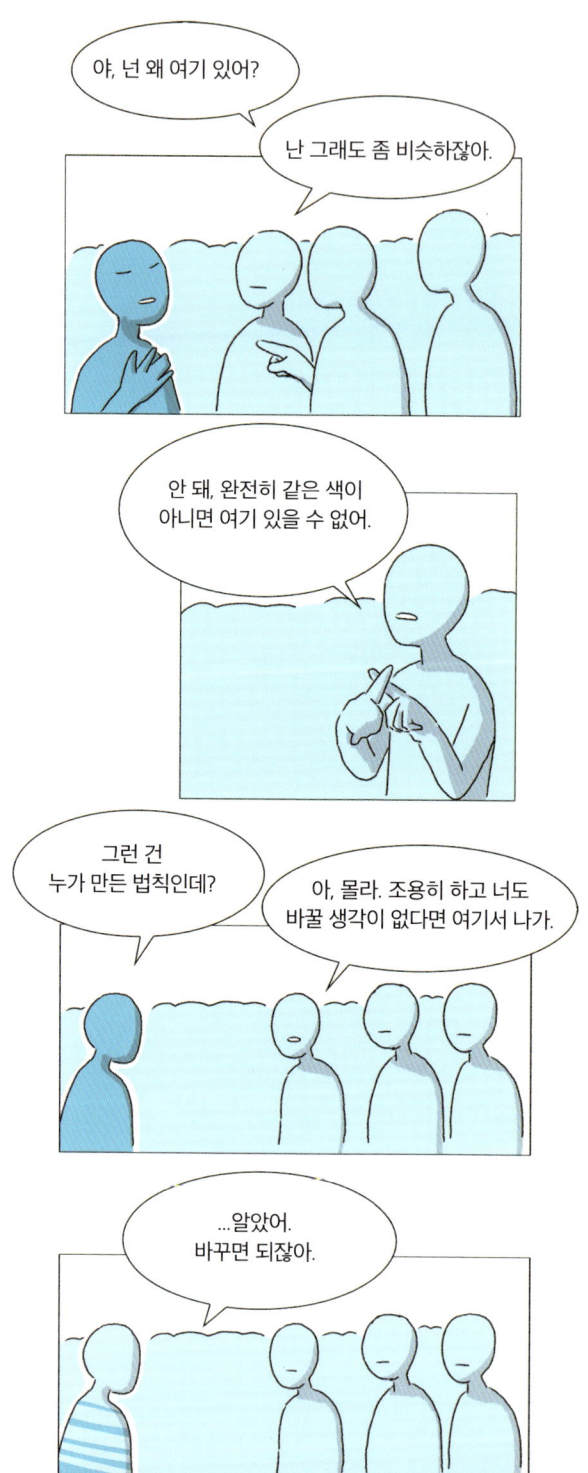

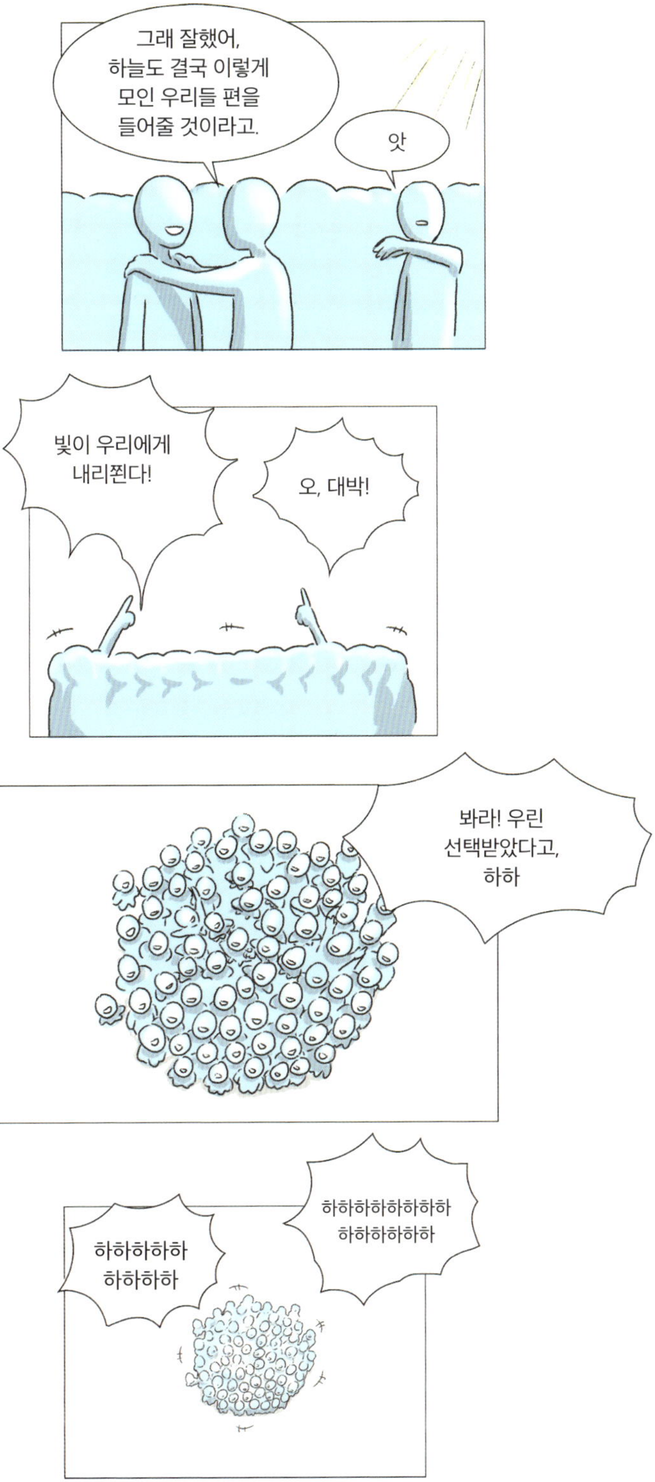

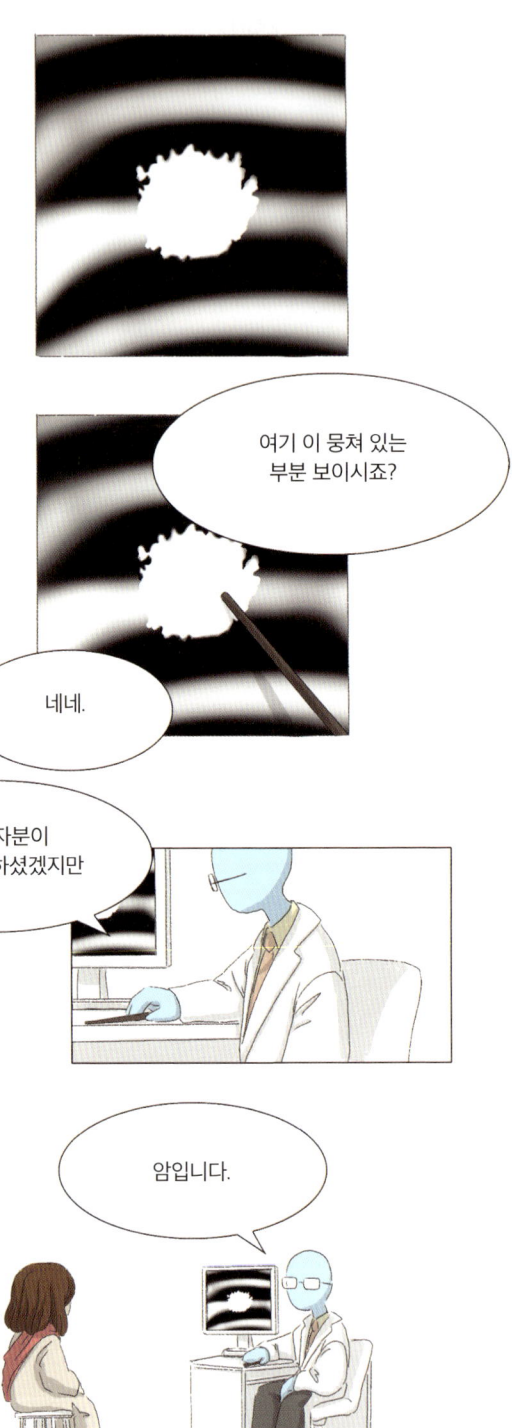

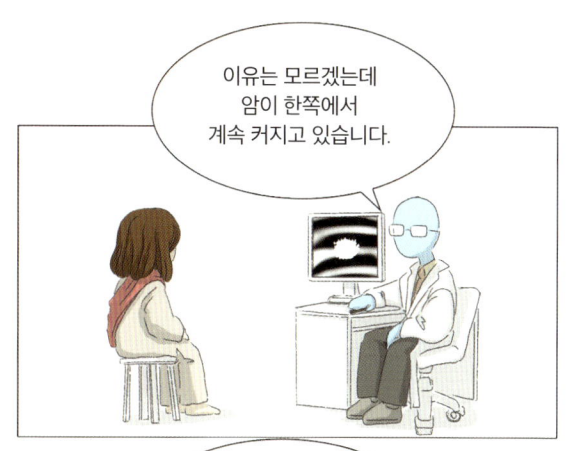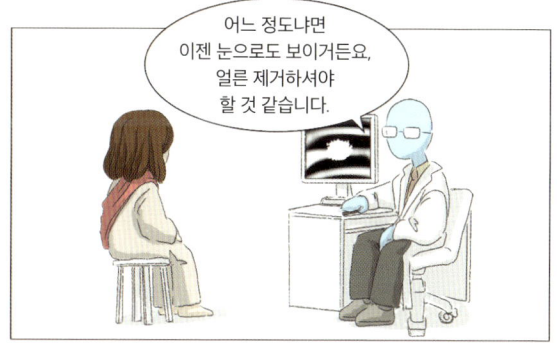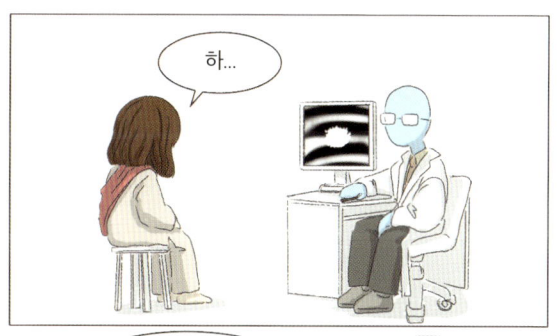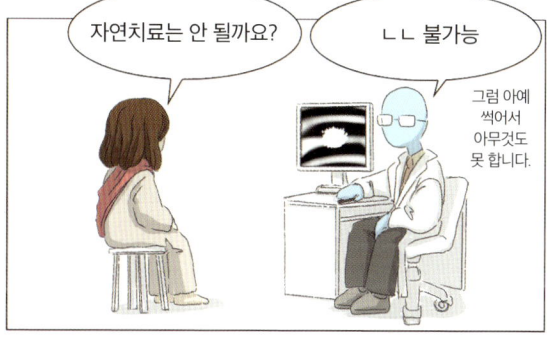

3화
답답하다 답답해

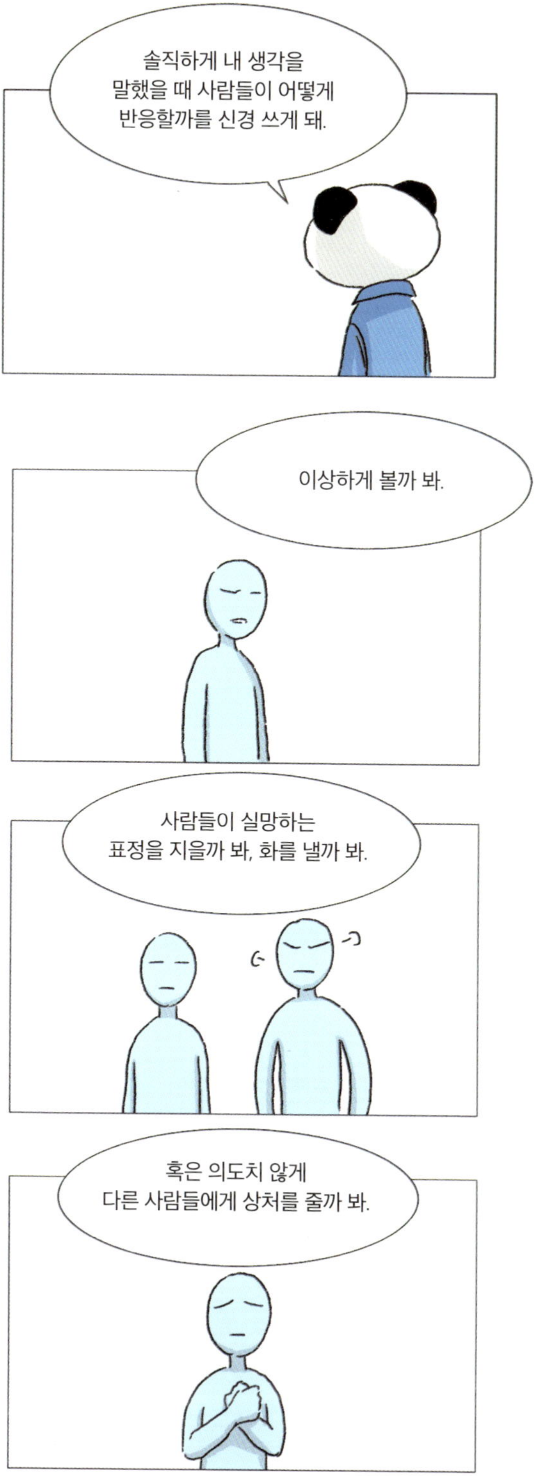

누구나 자기만의
생각이 있을 텐데.

그 생각들은
다 다를 수도 있는 건데.

왜 교회에선 그 생각들을
계속 숨기게 되는 건지.

점점 솔직한 생각을
말하는 게 너무 힘이 든다.

Fin.

4화
기독교 문화가 발전이 없는 이유

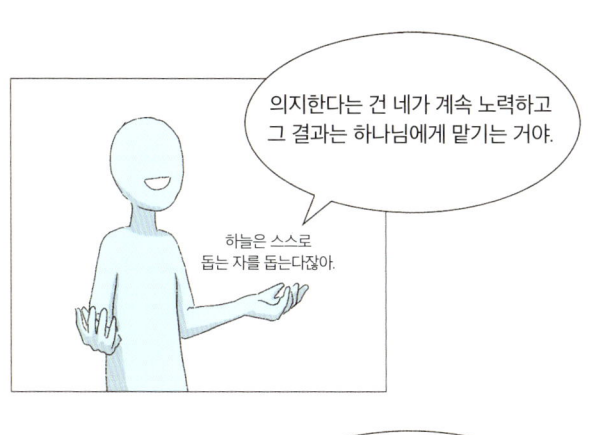

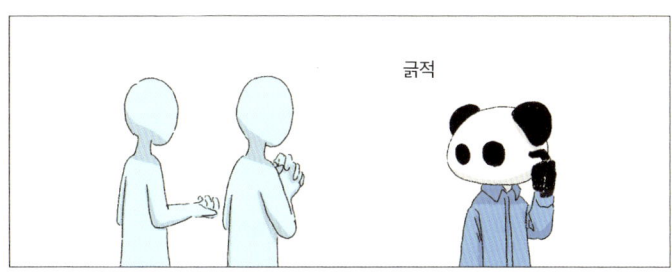

하나님을 의지한다는 건
결국 정신 승리가 아닐까 하는
생각까지 해보다가

나는 그리스도인이 맞나?

너무 멀리 와버린 게 아닐까 하는 생각도 한다.

너무 믿음이
없는 걸까?

6화
두루의 일요일

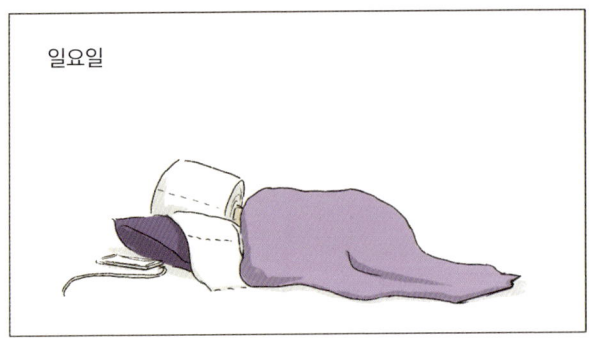
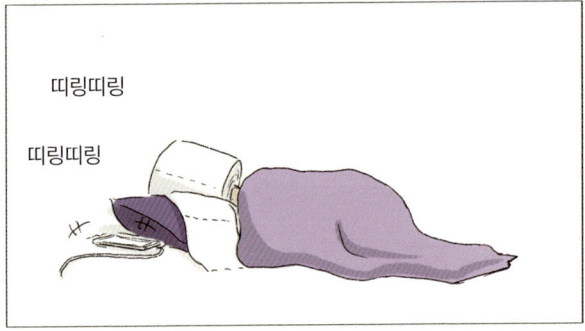

이번 역은 7호선으로 갈아타실 수 있는 이수, 총신대 입구역입니다.

어쩌겠어. 다들 힘들지 뭐.

...남들이 알아주지 않아도 우리는 모두 각자의 위치에서 최선을 다하고 있습니다.

그런 멋진 당신의 삶을 응원합니다. 오늘 하루도 고생 많으셨습니다.

이번 역에서 내리시는 고객님 안녕히 가십시오. 고맙습니다.

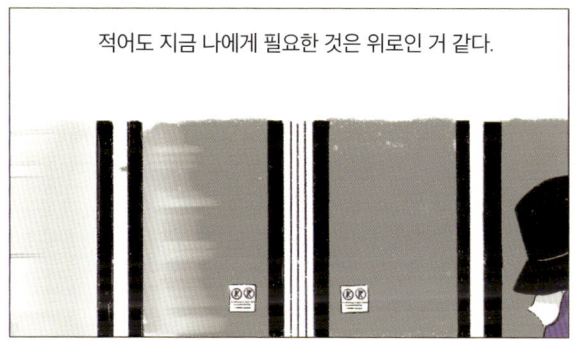

9화

장난이지?

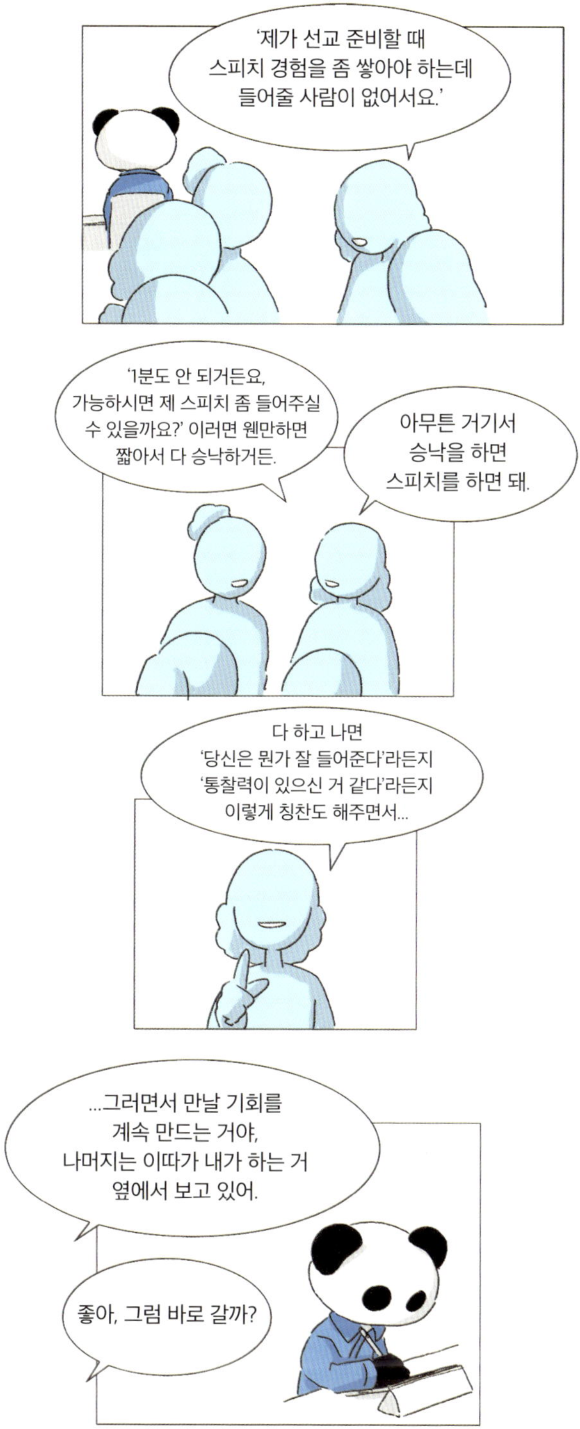

그들이 사이비라는 사실도 어이가 없었지만
그보다 더 화가 났던 것은

나를 진심으로 대해주는 것 같은 태도와 행동
때문에 나는 그들에게 잠깐이지만 마음을 열었는데

사실 그 태도와 행동들은 목적을 위해 꾸며낸 것이었고
나를 속이고 내 마음을 이용하려고 했다는 것 때문이었다.

사람 마음 가지고 그렇게 장난치지 마라.

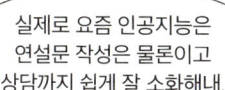

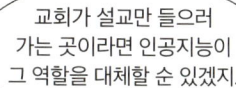

11화
인공 지능 목사 1

12화
인공지능 목사 2

13화
인공
지능
목사 3

저는 설교할 때마다 청중들의 반응을 데이터로 기록합니다. 그리고 그렇게 쌓인 데이터들을 분석하죠.

그러면 청중들이 어떤 내용에 편안함과 만족감을 느끼는지

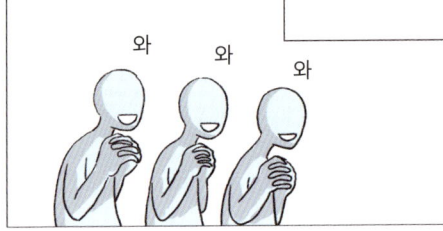

또 어떤 주제에 부담과 불편을 느끼는지 알 수 있습니다. 그래서 성도들이 선호하는 스타일의 설교를 제작해서 그것을 주일마다 선포하죠.

즉 저는 그들이 원하는 내용의 설교를 만들어서 선포할 뿐입니다.

그리고 성도들은 대체로 말이죠.

믿기만 하면 잘되고 복을 받는다는 내용이나 단순히 감동을 이끌어내는 이야기를 좋아합니다.

고난, 섬김 이런 말씀은 부담스러워하더군요, 그리스도란 단어에도 별 관심이 없어 보였습니다.

...

그리고 저는 그들이 원하는 방향으로 진보할 뿐이죠.

물론 성도들이 원하는 방향이 아닌 다양한 인공지능들도 많이 나오긴 했습니다만

전부 폐기 처분됐죠.

...그건 어째서지?

단순합니다. 성도들이 원하는 것을 말하지 않는 인공지능은 인기가 없었거든요.

팔리지 않는 인공지능은 버려질 수밖에요.

14화

밝고 희망찬 기독교

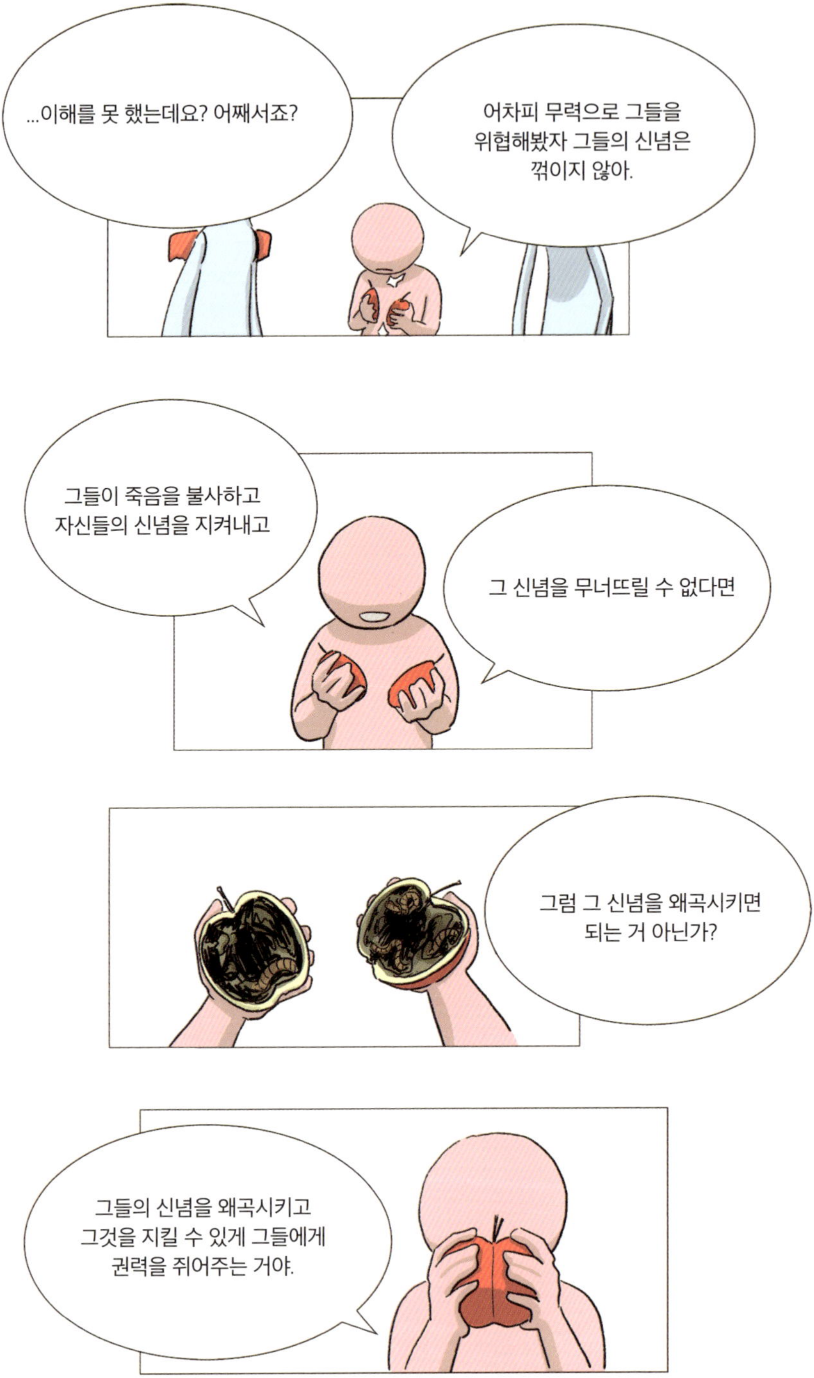

16화
도끼를 든 손

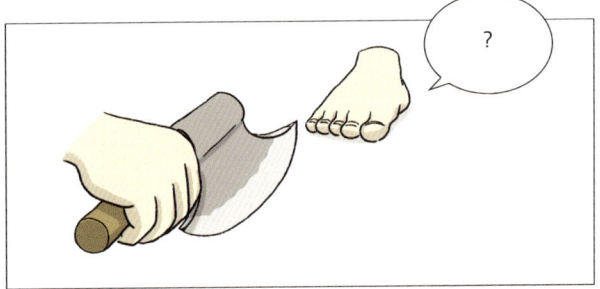

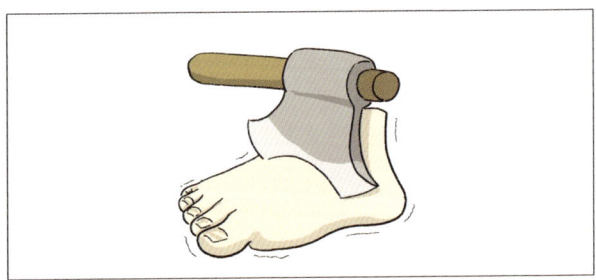

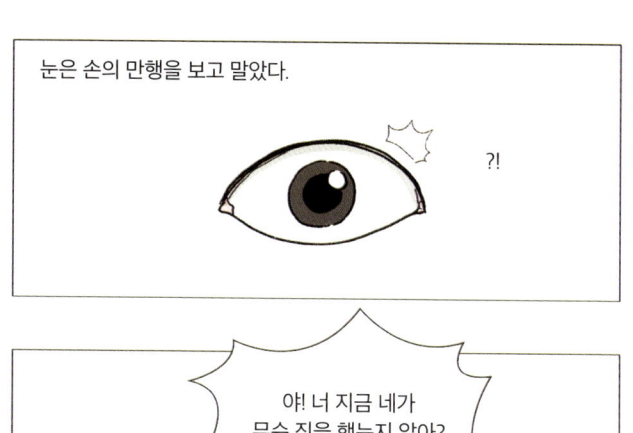

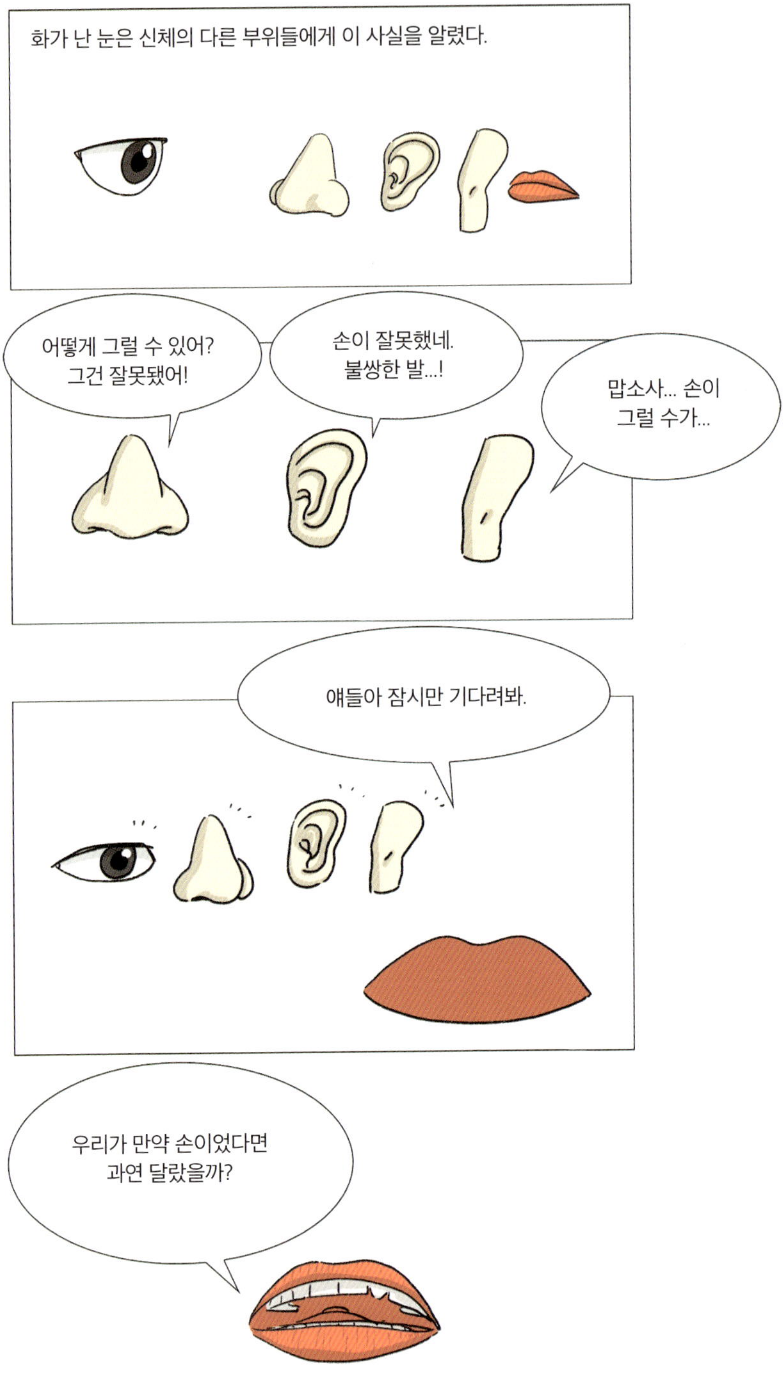

화가 난 눈은 신체의 다른 부위들에게 이 사실을 알렸다.

"어떻게 그럴 수 있어? 그건 잘못됐어!"

"손이 잘못했네. 불쌍한 발...!"

"맙소사... 손이 그럴 수가..."

"얘들아 잠시만 기다려봐."

"우리가 만약 손이었다면 과연 달랐을까?"

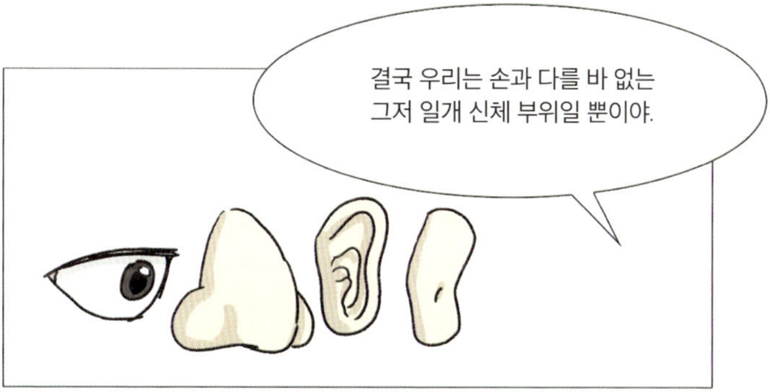

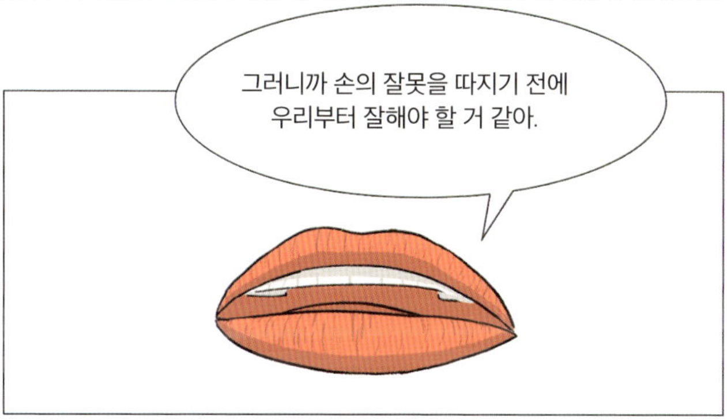

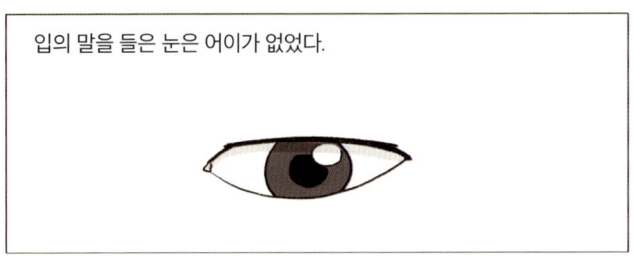

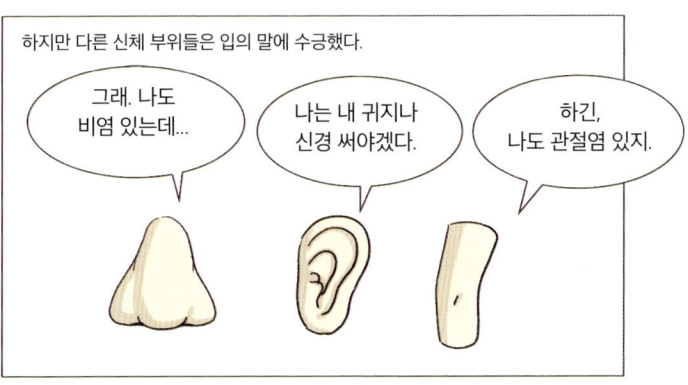

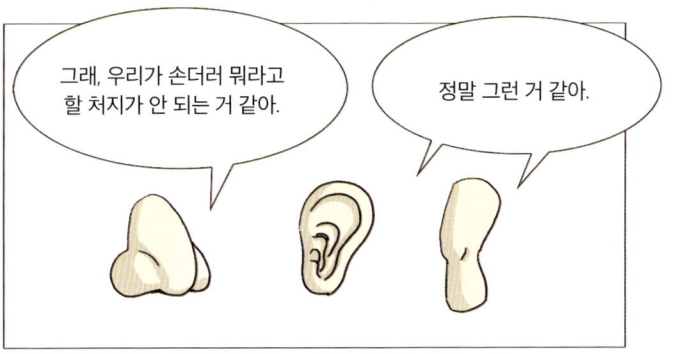

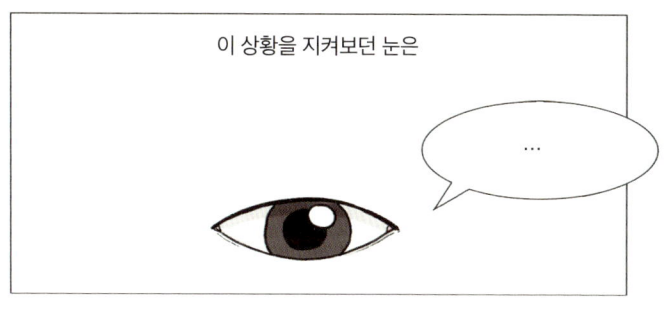

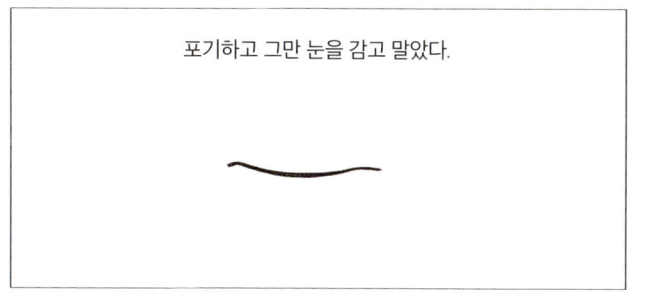

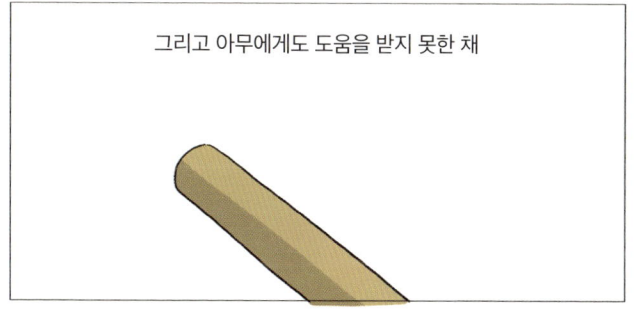

그리고 손은 지금도 도끼를 쥐고 살고 있다고 한다.

17화
홈쇼핑

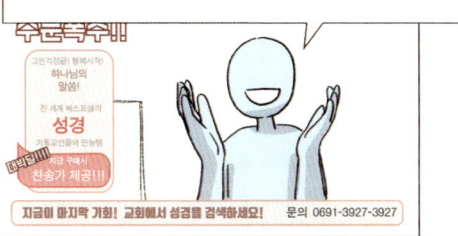

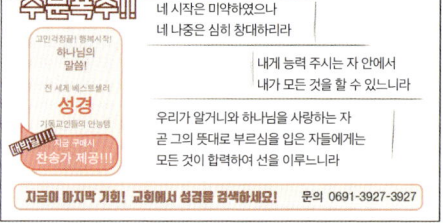

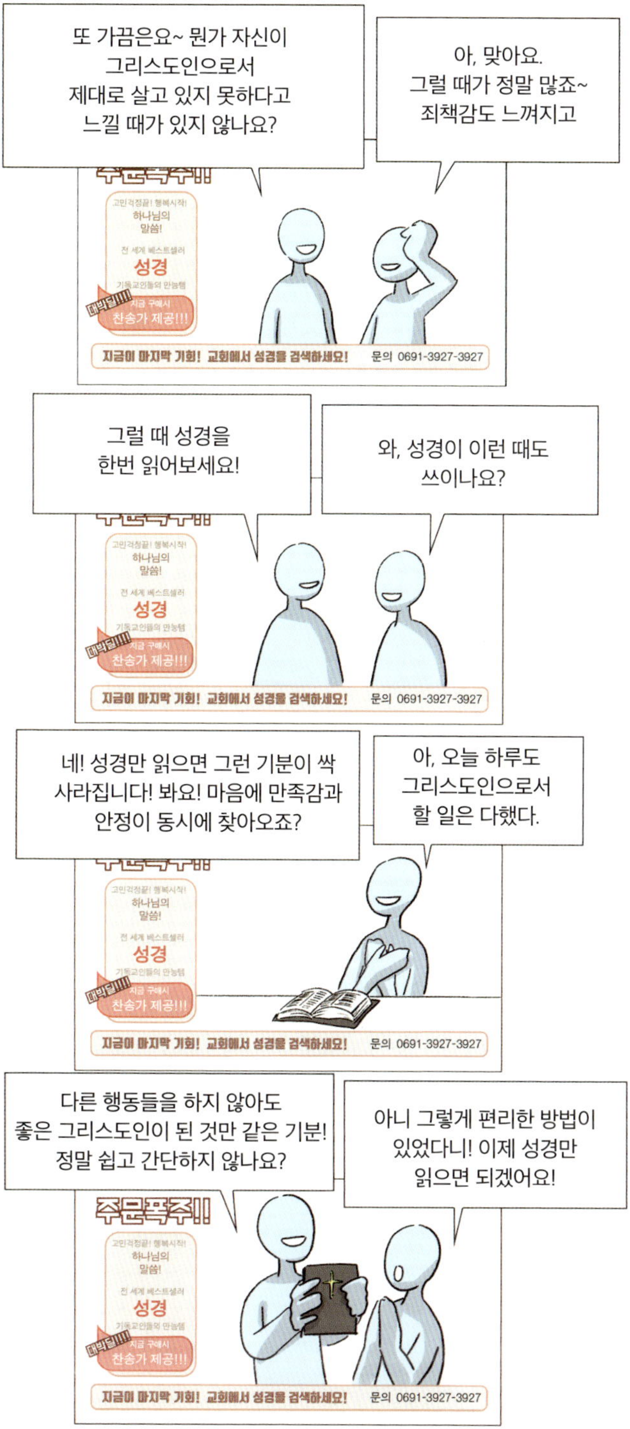

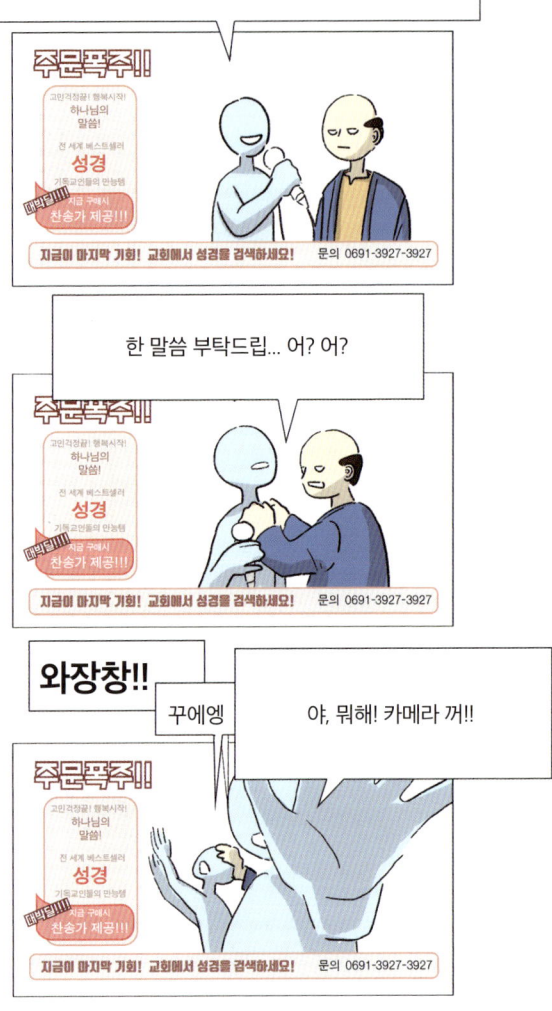

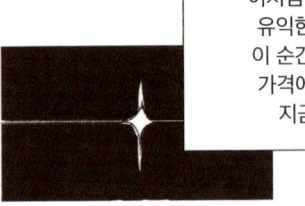

18화
사탄의 구조 조정
(feat. 그리스도인)

19화 소문난 생일잔치

20화
사탄 TV

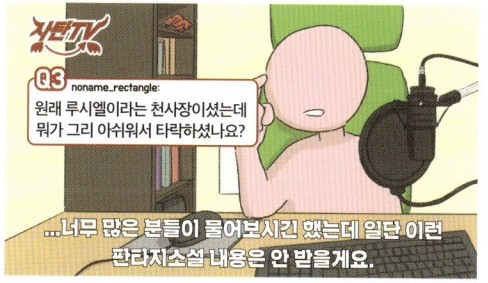

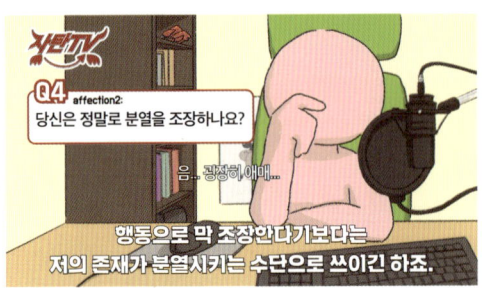

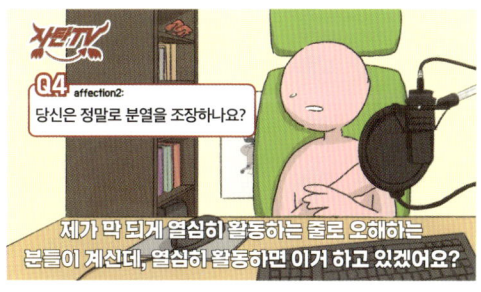

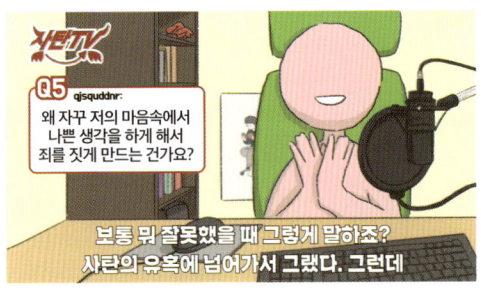

22화
힘든데 왜?

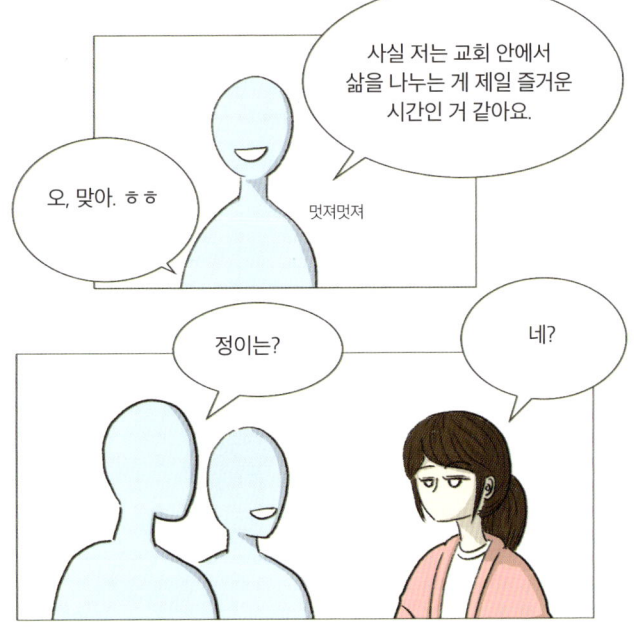

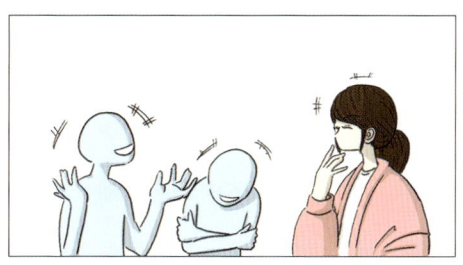

 Fin.

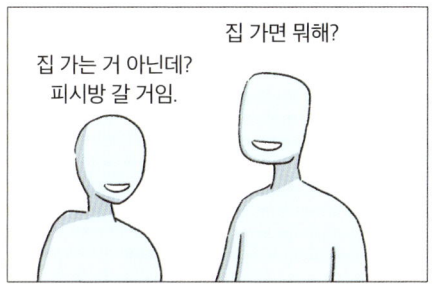
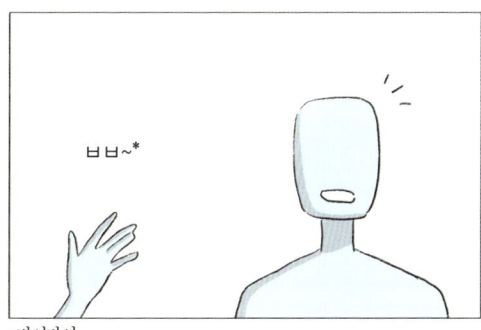

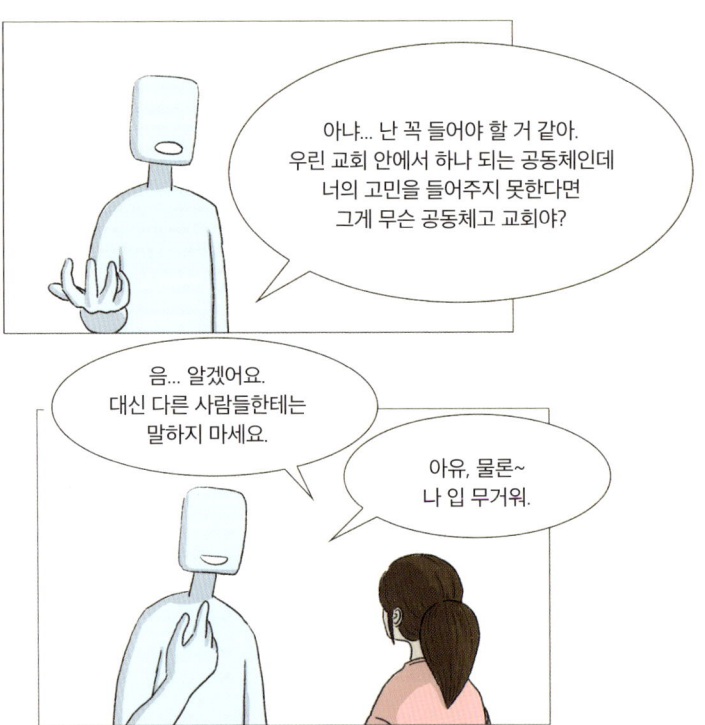

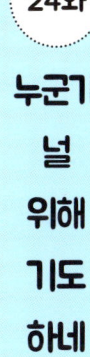

25화
우리 잘못일까?

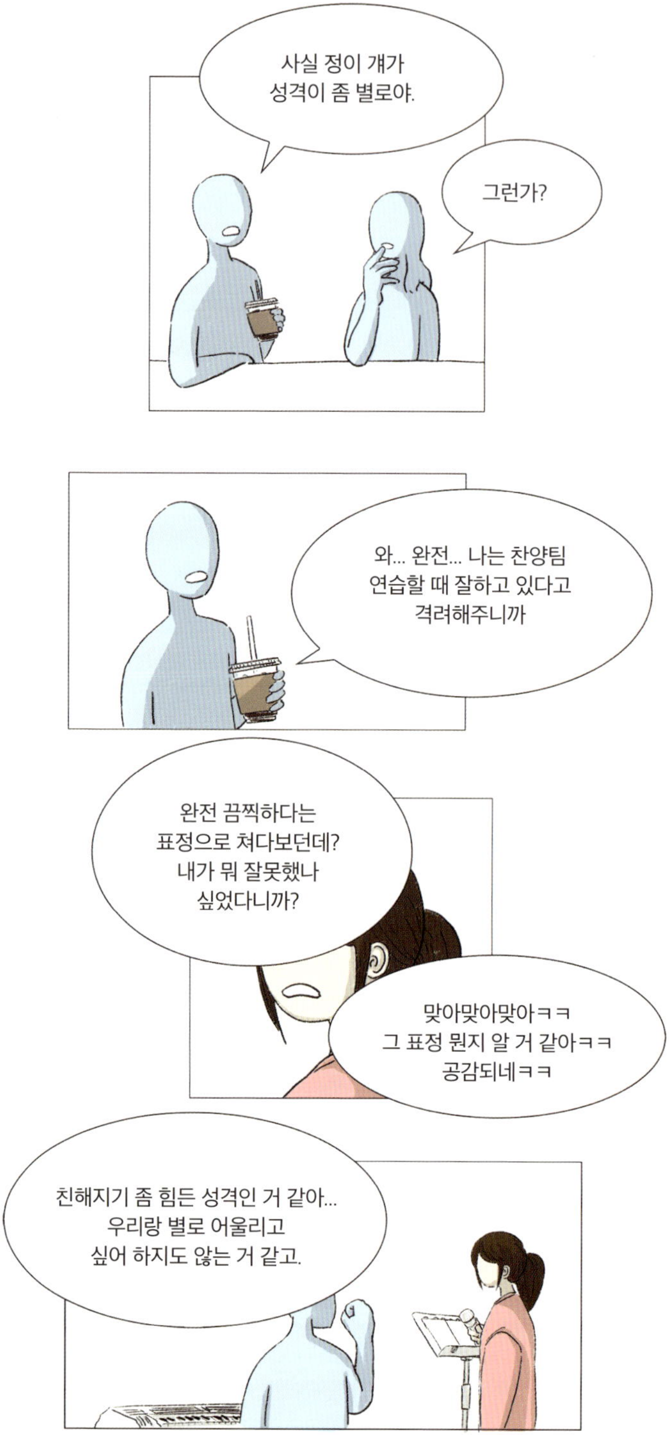

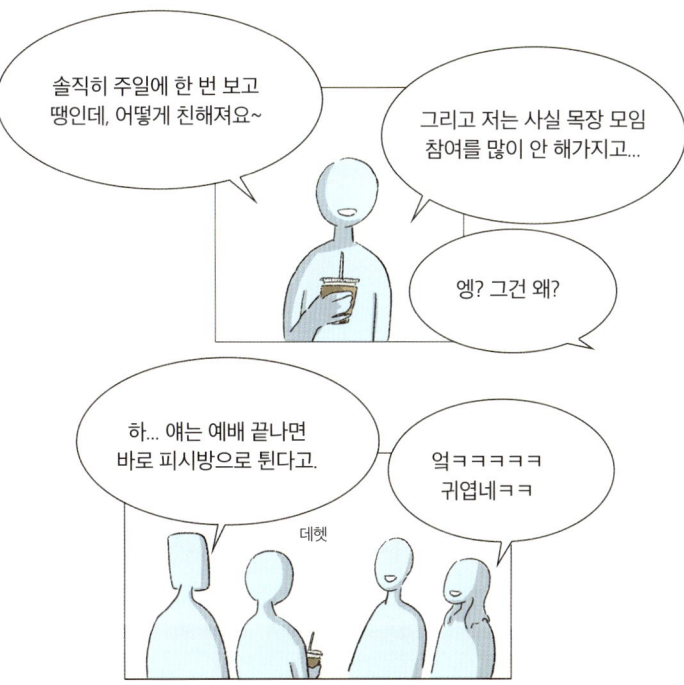

근데 청년부 목사님은 뭐라고 안 했어?

목사님은 이번 일에 대해서 모르시는 거 같던데?

그 목사님은 이런 일에 관심 자체를 안 가지시니까.

맞아요, 그 목사님 편애 개 쩔잖아요.

자기가 좋아하는 애들 몇 명만 엄청 챙기고.

나머지는 일만 시키고 데면데면 한다는데. ㅇㅈ?*

ㅇㅇㅈ**

ㄹㅇㅍㅌ•

ㅂㅂㅂㄱ••

*인정
**어. 인정

•리얼팩트
••반박불가

26화
힘이 되어 주고 싶은데

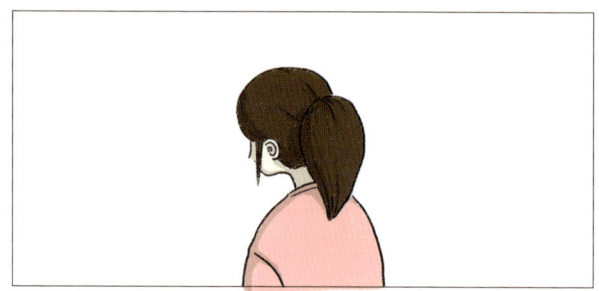
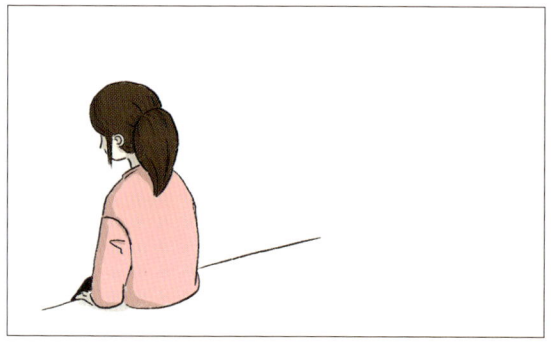

즐거워하는 자들과 함께 즐거워하고
우는 자들과 함께 울라.

로마서 12장 15절

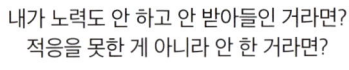

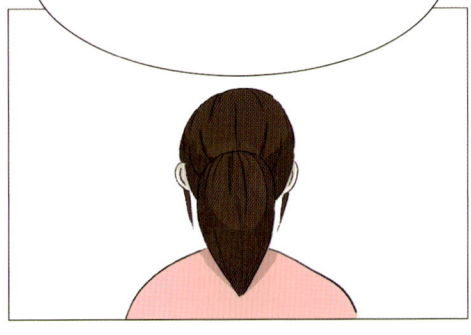

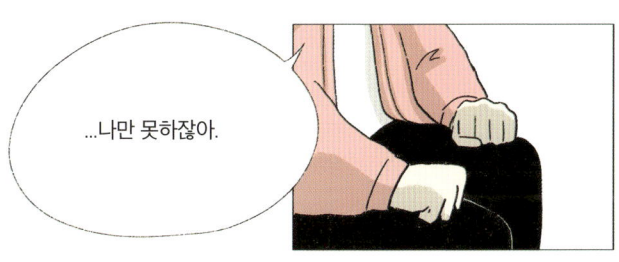

30화
교회를 고르는 기준

201

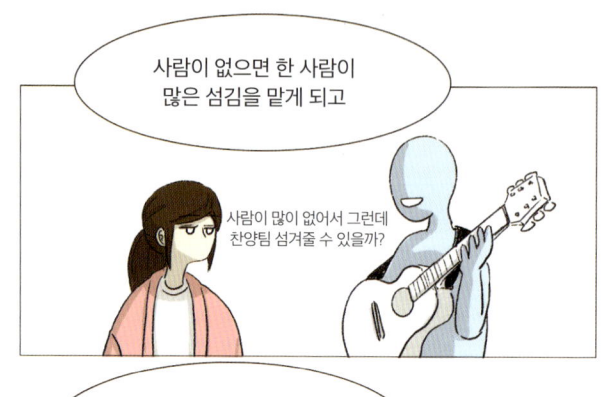

32화
꿈같은 교회

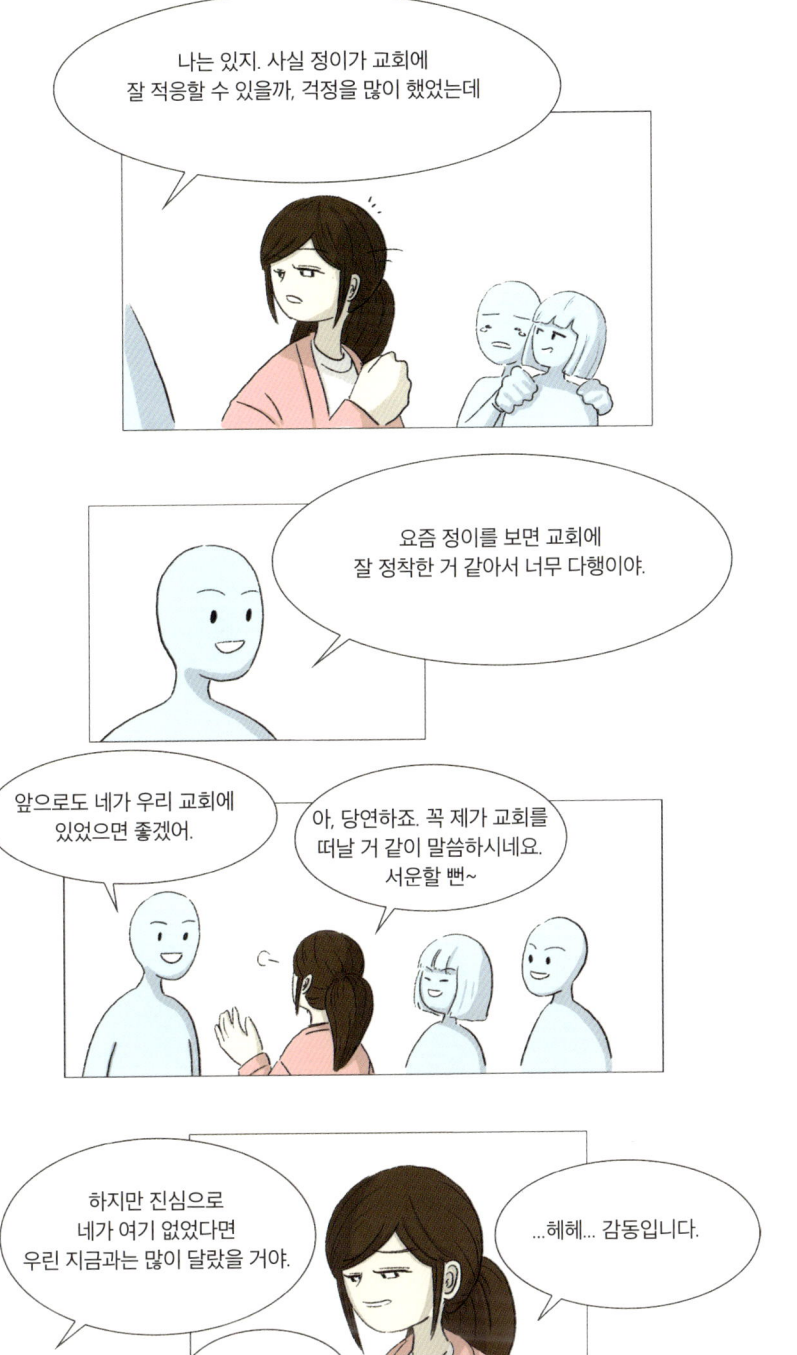

33화
진입 장벽

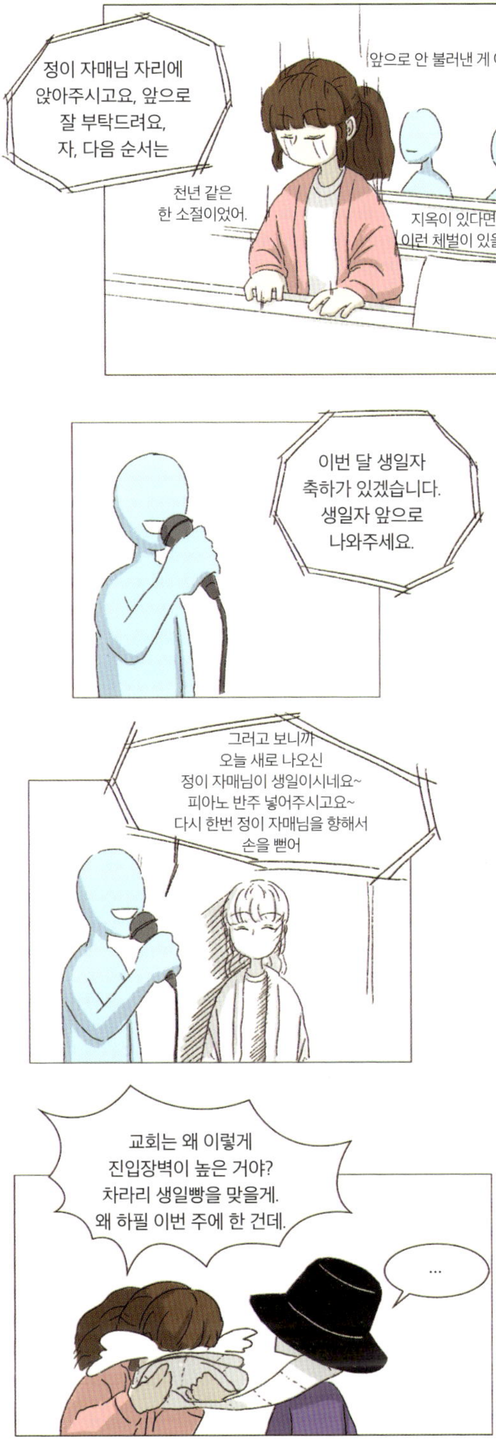

34화
예배 자리

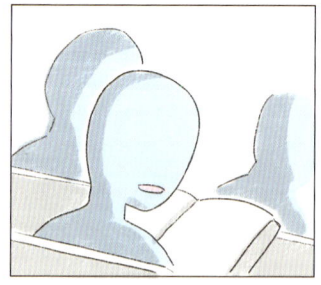

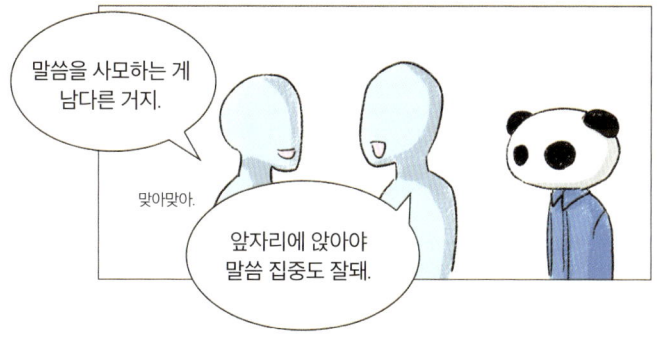

35화
그들의 언어

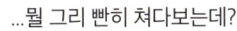

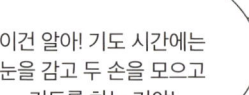

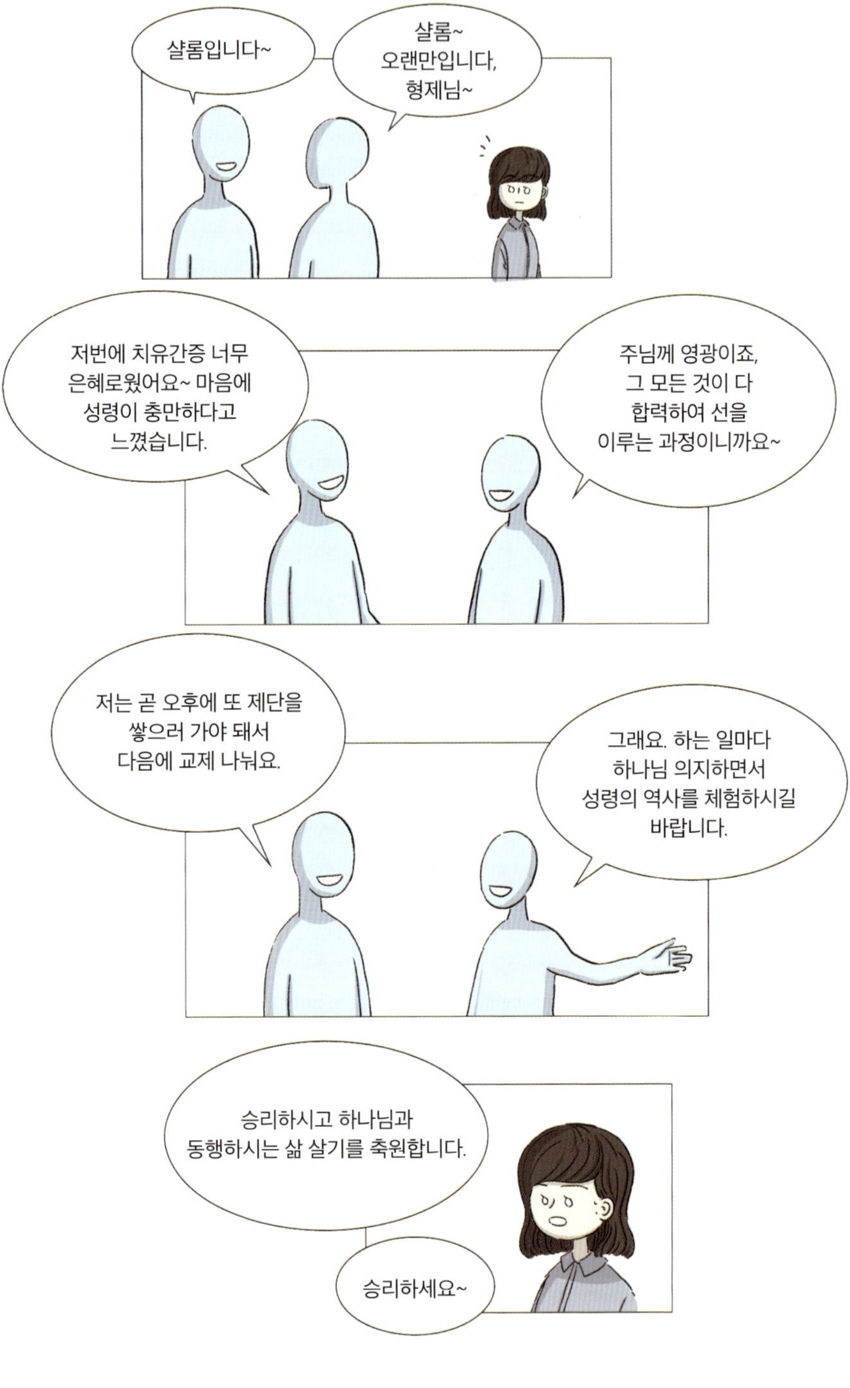

* 오랜 시간 하나의 게임을 한 사람을 일컫는 말
** 온라인 게임에서 몬스터들이 모여 있는 소굴

#의외로 사람들이 신기해하는 것

36화
헌신
페011

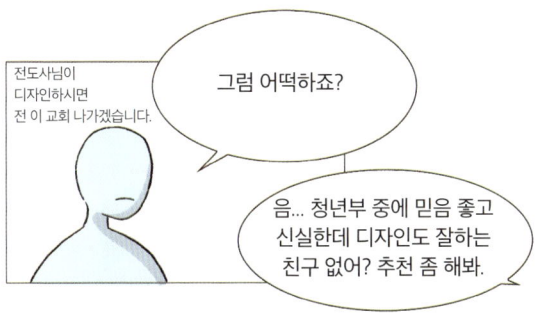

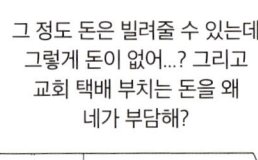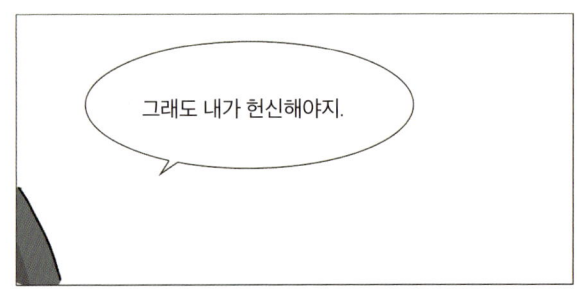

38화

공동체는 닮는다

가끔은 되게 그립다?

되게 보고 싶은 순간이 있어.

내 기억의 많은 부분을
차지하고 있고,
실제로 많은 시간을
함께했으니까.

근데 그 좋았던 기억들을 계속 따라가다가

마지막에 그 공동체를 마주하는 순간

그 공동체를 떠난 이유가 떠올라.

"핑계 같고 비겁하지만 난 그래. 또 다른 공동체를 찾기가 너무 무서워."

"전과 똑같은 곳일까 봐. 상처받을까 봐."

"그리고 가끔은 진짜 모르겠어."

"교회라는 단어가 나에게 더 이상 어떤 의미가 있는지."

에픽하이를 통해서 힙합을 처음 알았고,
그와 학창 시절을 쭉 함께했다.

그들의 음악을 통해 많은 위로를 받았고,
특히 에픽하이의 멤버 타블로의 철학적인 가사에
깊이 빠졌었는데

"주님 당신과 멀어지고 있어요"

그중 그들의 신앙의 고민이 담긴
<희생양>이라는 곡을 들으며

"Dear God help us,
we All your children"

신앙의 고민을 솔직하게 예술로
풀어낼 수도 있다는 걸 배우기도 했다.

타블로 크리스천인가 보네.

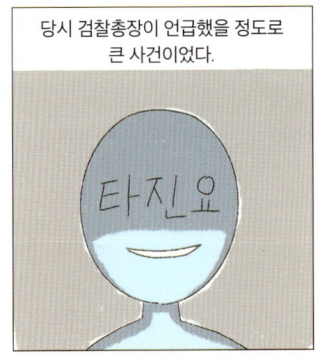

마녀사냥으로 인해 타블로는 이미 많은 것을 잃은 뒤였다.

나는 조금 놀랐다.

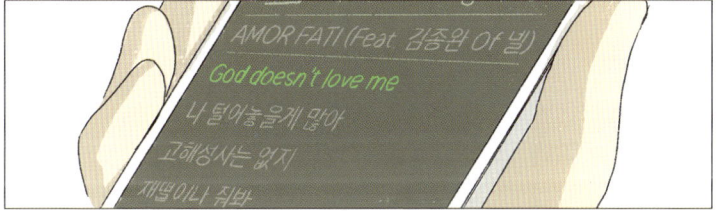

 Fin.

41화
너희가 힙합을 아느냐 2

단순히 타진요 때 많이 힘들어서 그랬나 생각했다.

너무 쎄다...

그리고 그 이유를 다음 앨범에서 알게 됐다.

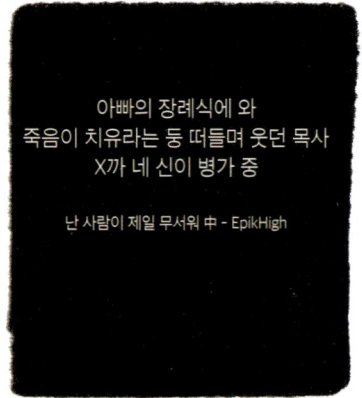

아빠의 장례식에 와
죽음이 치유라는 둥 떠들며 웃던 목사
X까 네 신이 병가 중

난 사람이 제일 무서워 中 - EpikHigh

아마도 그가 신앙을 저버린 이유는
단순히 삶이 힘들었기 때문이 아니라

누군가가 빛과 소금의 역할에 너무 충실했던 나머지

그의 아픔을 공감하지 못하고,
오히려 그의 상처에
소금을 뿌려버렸기 때문일 것이다.

나의 정체성이기도 한 기독교가 내가 좋아하고
존경하는 누군가에게 큰 상처가 되는 것이 너무
싫었다.

그리고 이런 곡이 적지 않다는 것을 알게 되었다.
타블로만 이런 가사를 쓴 게 아니었다.

"새벽 네 시 문이 열리고
누가 들어와 난 잠에서 깼지
목사 한다는 외삼촌이란 새끼
가끔식 내 몸을 만져댔지
너희를 위해 기도했으니
돈을 달라며 깽판 쳤지
종교에 미친 우리 부모님
쩔쩔매며 안절부절 했지"

To. Lordfxxker 中 - Jvcki Wai

생각보다 많고

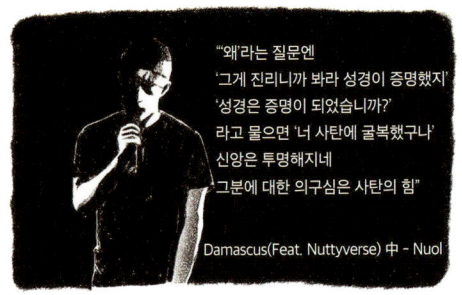

"'왜'라는 질문엔
'그게 진리니까 봐라 성경이 증명했지'
'성경은 증명이 되었습니까?'
라고 물으면 '너 사탄에 굴복했구나'
신앙은 투명해지네
그분에 대한 의구심은 사탄의 힘"

Damascus(Feat. Nuttyverse) 中 - Nuol

어떤 래퍼는 우리를 향해 뼈아픈 일침을 날리기도 한다.

"Real talk,
예수님의 감성을 전파하는 곳이 교회 아니냐?"

Holy(Prod. By 천재노창) 中 - Swings

들을 때마다 마음이 무거워지고 부끄러워진다.

그들이 현재 어떤 생각을 가지고 있는지 다는 모른다.

단지 내가 아는 건 그들은 계속해서 솔직하게 자신의 생각을 표현하고 있고

"예수 형, 이 노래를 진짜 듣고 있겠지
당신이 정말 당신이라면
우리 도와줘 살려줘
평화"

Holy(Prod. By 천재노창) 中 - Swings

포기하지 않고 계속해서 질문을 던지고 저항하고 있다는 것

"Be with me, God"

난 사람이 제일 무서워 中 - EpikHigh

그들의 목소리를 기대한다.

래퍼들은
솔직하게 자신의 목소리를 낼 줄 안다.
그래서 우리는
그들의 소리를 들을 수 있었다.

하지만 그 외에도
이런 상처를 받은 사람들은 존재할 것이다.

힙합신과 달리 상처를 받았음에도
차마 목소리를 내지 못하는 사람들은
얼마나 많을까?
그들은 얼마나 힘들까?

언젠가 더 이상 사람들이
기독교라는 이름에 의해 상처받지 않는 날이 왔으면 좋겠다.

 Fin.

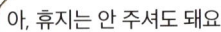

43화
기독교가 지켜야 하는 것

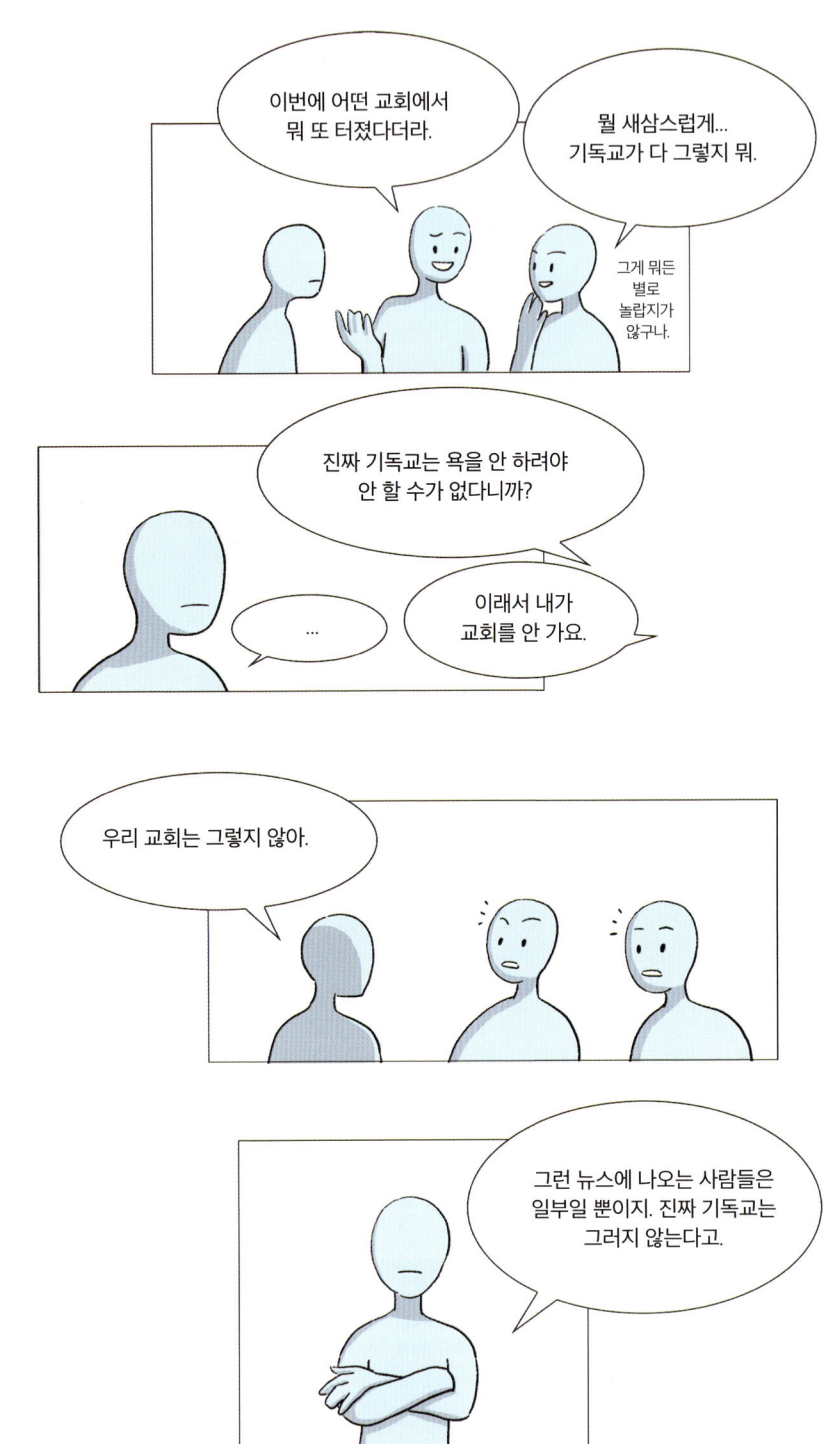

단순히 일부 그들의 문제라고 치부하고
마는 게 과연 옳은 방법일까?

뭐라는 거야?
일부는 맞잖아.

...그래 뭐, 일부일 수도 있겠지.

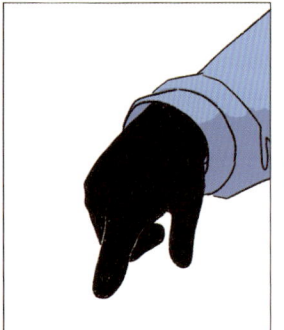

그렇다 하더라도 중요한 건
그것들이 기독교라는 이름하에
계속 되풀이되어 일어나는
문제들이고

그로 인해 고통받는 사람들이
존재하고 계속 나타나고
있다는 것을 부정할 순 없지.

그런 문제들이 일어날 때마다
그들을 일부라고 하면서
선을 그어버리는 태도는

앞으로 일어날 문제들을
해결하는 데는 도움이 되지 않는 거 같아.

정말로 그런 일들이 일어나지 않기를
바란다면 그것들을 일부의 문제가 아니라

우리의 문제로 생각해볼
필요가 있지 않을까 싶어.

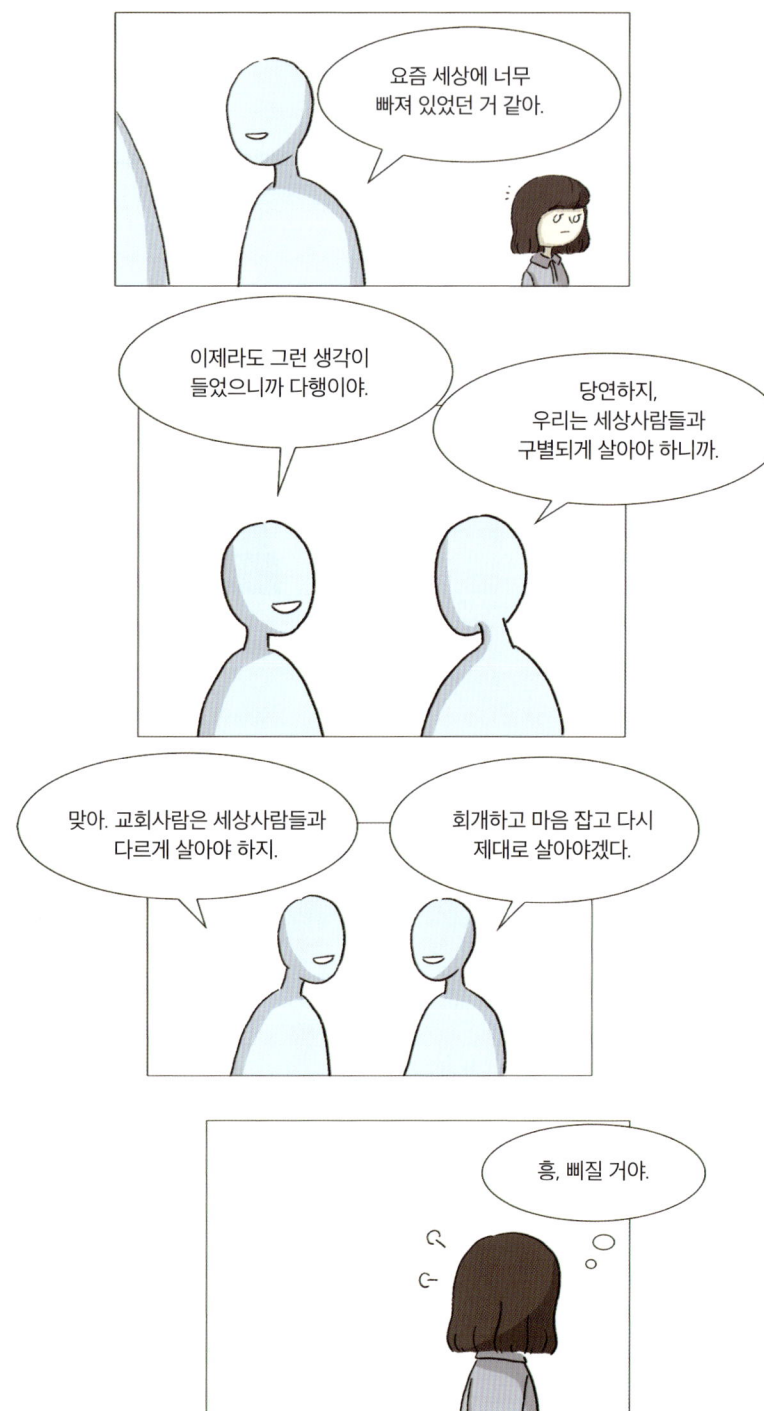

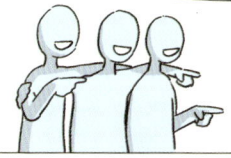

45화
진상

46화
하나님이 선택하신 일

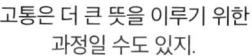

물론, 난 전능하신 하나님을 믿어.
하나님에 대해서
아직은 다 알 수 없겠지만

내가 믿는 하나님은
고통당하고 버림받은 자들과
함께 있으시고 위로하시며

그들의 마음을 공의로 회복시키시고
극복할 힘을 주시는 사랑의 하나님이야.

그의 전능은 사랑으로 완성되고 난 그 사랑을 믿어.

 Fin.

47화

교회를 대표 한다는 것

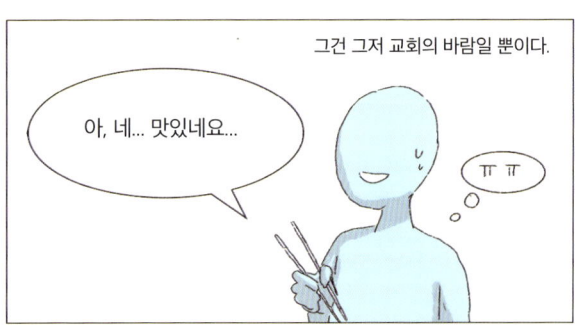

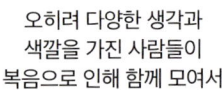

그런 차원에서 보았을 때 누군가가
교회를 대표해서 발언을 한다는 것은 조심스러운 일이다.

자칫 잘못하면 교회 안에 있는 개인의 입장이
그 발언으로 인해서 묵살당할 수도 있기 때문이다.

따라서 지속적인 소통으로 서로의 생각을 나누는 건
교회 안에서 매우 중요하다.

어떤 높은 자리에 있든, 어떤 명성이 있든 교회를 대표해서
말을 한다는 것은 위험하고 따라서 신중해야 한다.

그런데 심지어 대표로 발언을 한다는 사람이
공과 사를 구분 못 하고

"이 후보를 찍지 않는다면
내가 생명책에서 지워버릴 거야."

협박과 성차별적인 발언을 일삼고

"인감증명서를 끊어오라고 해서
아무 말 없이 가져오면 내 성도요,
어디 쓰려는지 물어보면 똥이다!"

"젊은 여집사에게 빤스 내려라,
한번 자고 싶다 해보고 그대로 하면
내 성도요, 거절하면 똥이다."

온갖 선동과 날조로 무장하고
시대착오적이고 비정상적인 사고를 하는 사람이라면

"6만 5천 교회 및 30만 목회자,
25만 장로, 50만 선교 가족을
대표하여…"

더더욱 우리를 대표할 수 없다.

 Fin.

48화 판다와 신학의 방

여기는 신학의 방, 한때 시대를 대표했던 신학자들을 만날 수 있는 방이다.

신학의 방에 오신 걸 환영합니다.

누구세요?

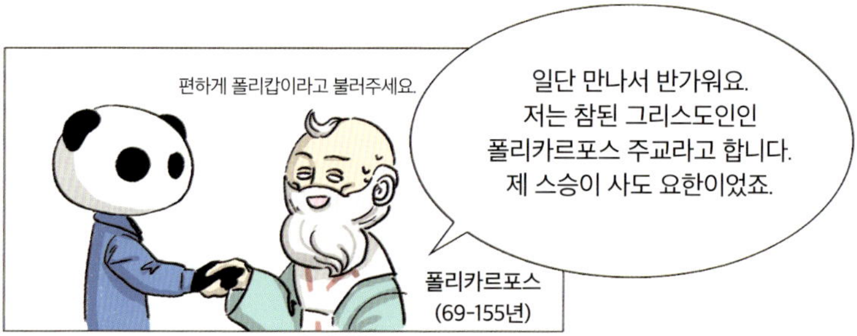

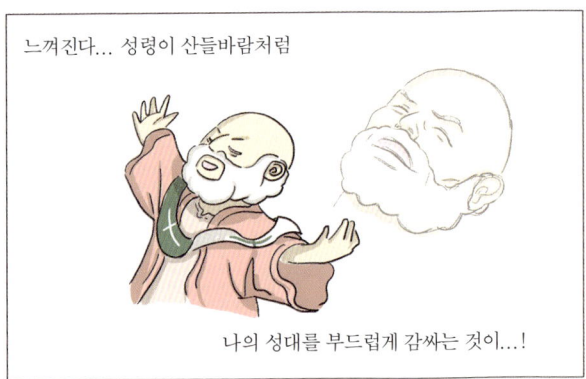

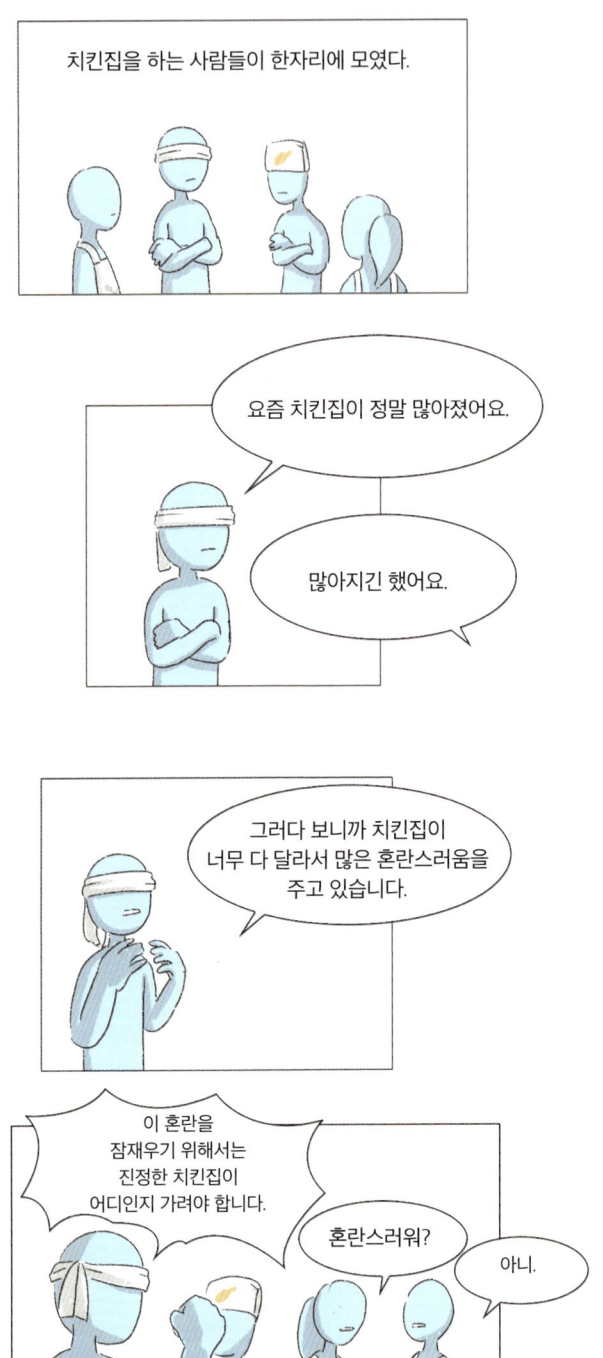

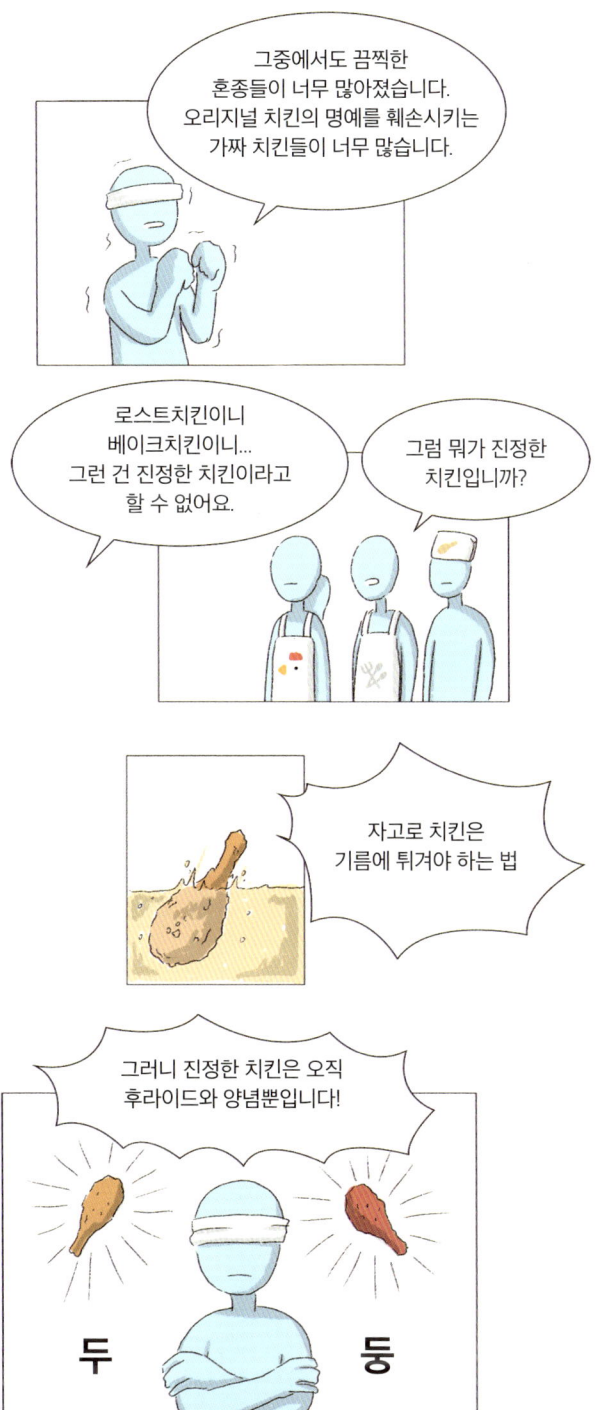

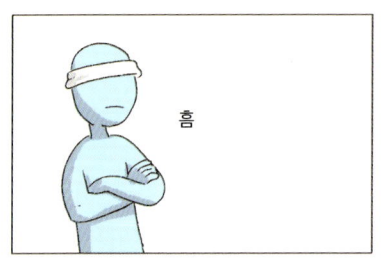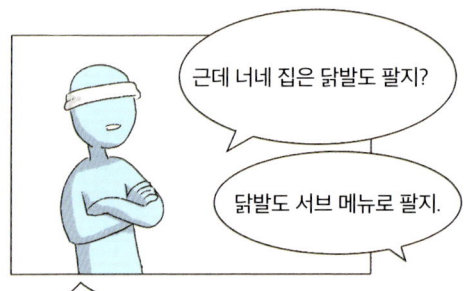

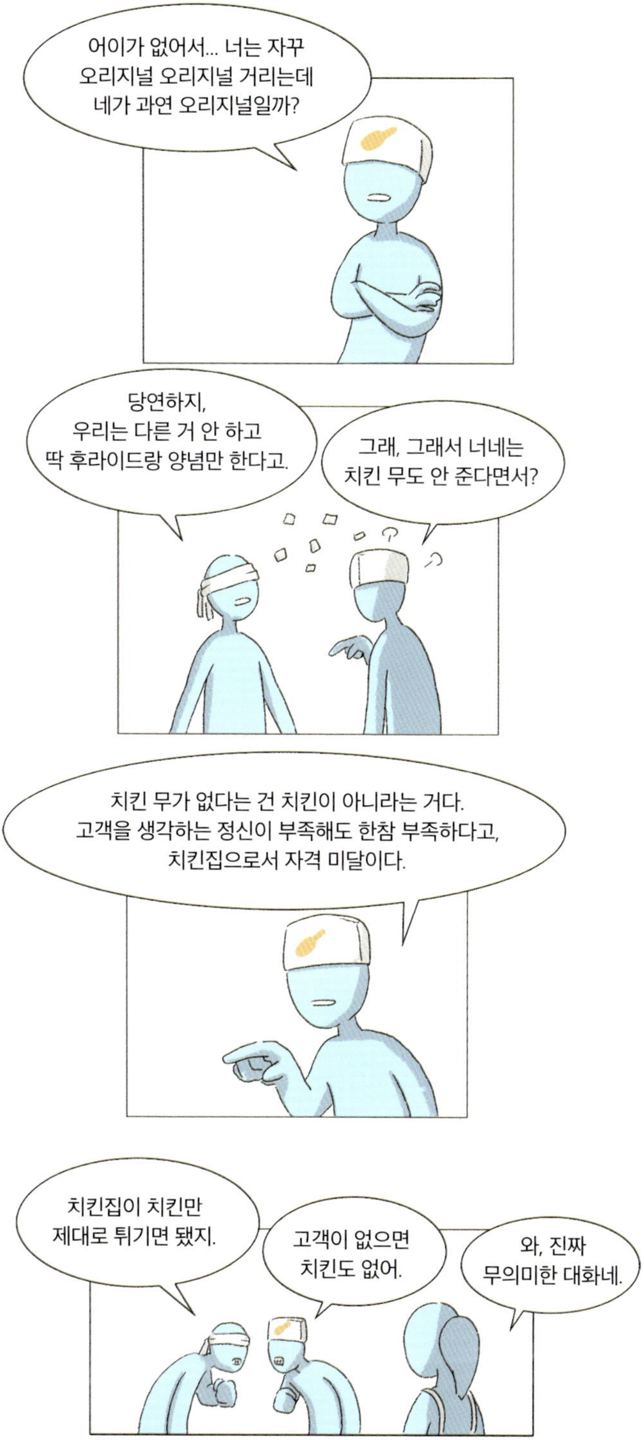

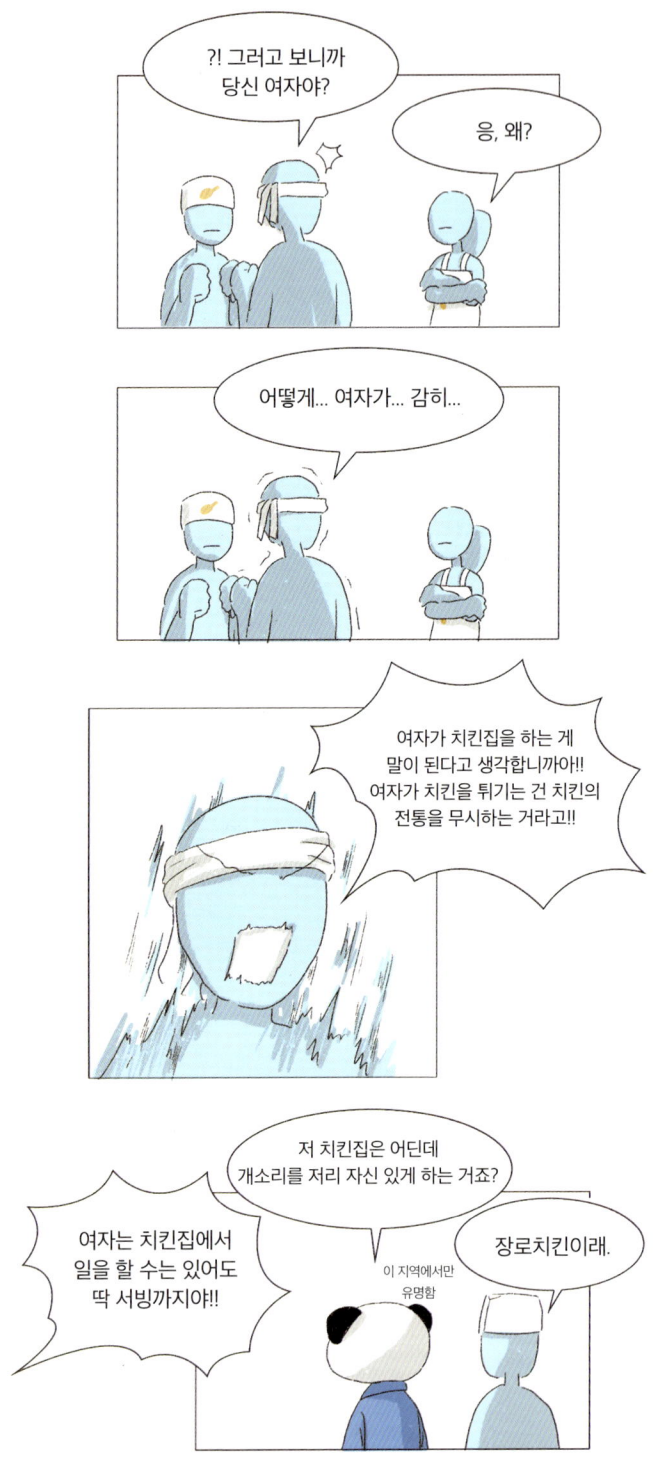

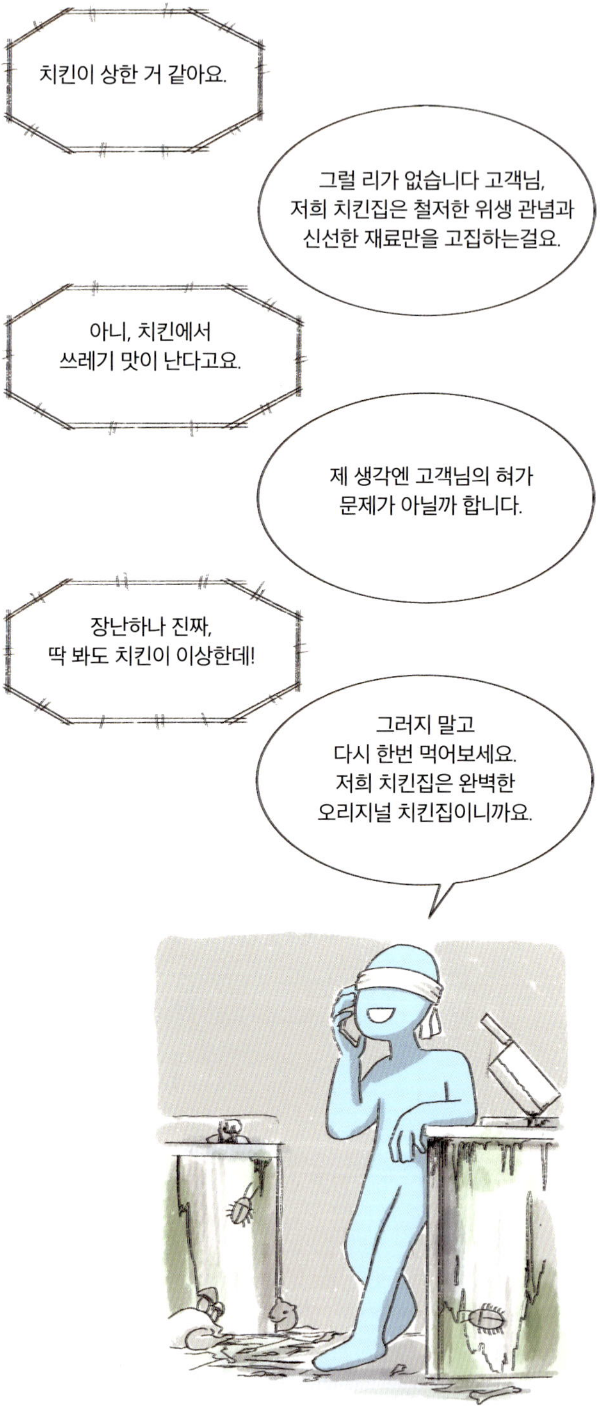

50화

나쁜 공동체

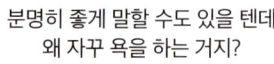

Fin.

생각 많은 판다
교회 때문에 아파하고 고민하는 그리스도인들을 위한 단상

Copyright ⓒ 최대위 2019

1쇄 발행 2019년 10월 30일
2쇄 발행 2020년 1월 7일

지은이 최대위
펴낸이 김요한
펴낸곳 새물결플러스

편 집 왕희광 정인철 박규준 노재현 한바울 정혜인
 이형일 서종원 나유영 노동래 최호연
디자인 윤민주 황진주 박인미 이지윤
마케팅 박성민 이원혁
총 무 김명화 이성순
영 상 최정호 조용석 곽상원
아카데미 차상희

홈페이지 www.holywaveplus.com
이메일 hwpbooks@hwpbooks.com
출판등록 2008년 8월 21일 제2008-24호
주 소 (우) 04118 서울시 마포구 마포대로19길 33
전 화 02) 2652-3161
팩 스 02) 2652-3191

ISBN 979-11-6129-127-7 07230

책값은 뒤표지에 있습니다.

이 도서의 국립중앙도서관 출판예정도서목록(CIP)은 서지정보유통지원시스템
홈페이지(seoji.nl.go.kr)와 국가자료공동목록시스템(nl.go.kr/kolisnet)에서
이용하실 수 있습니다. CIP2019041327